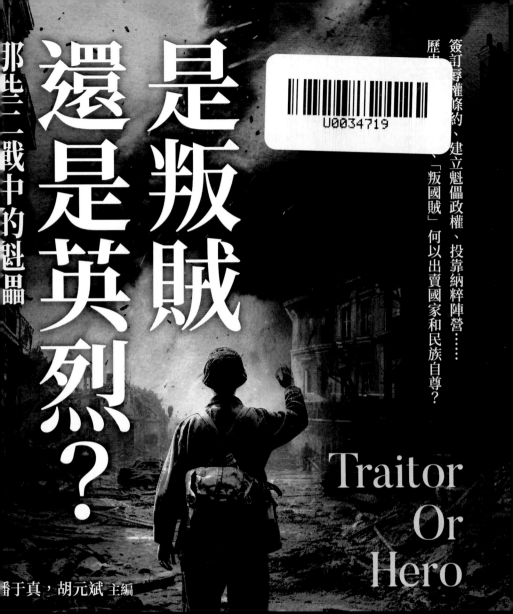

是叛賊還是英烈？

那些二戰中的魁儡

簽訂辱權條約、建立魁儡政權、投靠納粹陣營……歷史、「叛國賊」何以出賣國家和民族自尊？

Traitor
Or
Hero

潘于真，胡元斌 主編

漢奸沒有國家認同？出賣國家只為錢和權？

那些還留待後人評說的爭議人物，世人還沒給他們定位！

在煙與淚水交織的二戰，

人性的光芒與戰火同樣閃耀，深入探索那個動盪時期，

看誰選擇了背叛，而誰又堅守正義！

目錄

目錄

前言

　　1937 年 7 月 7 日，駐華日軍在盧溝橋悍然向中國守軍開炮射擊，炮轟宛平城，製造了震驚中外的「七七事變」，中國的抗日戰爭全面爆發。1939 年 9 月 1 日，德國入侵波蘭，第二次世界大戰正式開始。1945 年 9 月 2 日，日本簽署投降書，第二次世界大戰宣告結束。

　　這是人類社會有史以來規模最大、傷亡最慘重、造成破壞最大的全球性戰爭，也是關係人類命運的大決戰。這場由德、義、日法西斯國家的納粹分子發動的戰爭席捲全球，世界當時人口總數的 80% 的 20 億人口受到波及。這次世界大戰把全人類分成了兩方，由美國、蘇聯、中國、英國、法國等國組成的反法西斯同盟國與由德國、日本、義大利等國組成的法西斯軸心國，進行對壘決戰。全世界的人民被拖進了戰爭的深淵，迄今為止這是人類文明史上絕無僅有的浩劫和災難。

　　在這場大戰中，交戰雙方投入的兵力和武器之多、戰場波及範圍之廣、作戰樣式之新、造成的損失之大、產生的影響之深遠都是前所未有的，創造了許多個歷史之最。第二次世界大戰的勝利具有偉大的歷史意義。我們辨證性地看待這

前言

段人類慘痛歷史，可以說，第二次世界大戰的爆發造成了人類巨大的災難，使人類文明慘遭浩劫，但同時，第二次世界大戰的勝利，也開創了人類歷史的新紀元，為戰後世界帶來了廣泛而深遠的影響。促進了世界進入力量制衡的相對和平時期；促進了一些殖民地國家的民族自由；促進了許多社會主義國家的誕生；促進了資本主義國家的經濟、政治和社會改革；促進了世界科學技術的進步；促進了軍事科技和理論的進步；促進了人類史上的一場偉大革命；促進了世人對和平的深刻認知。

第二次世界大戰的勝利也是全世界反法西斯戰爭的勝利，成為 20 世紀人類歷史的一個重大轉折，它結束了一個戰爭和動盪的舊時期，迎來了一個和平與發展的新階段。我們回首歷史，不應忘記戰爭帶來的破壞和災難，以及世界各個國家和人民為勝利所付出的沉重代價。我們應當認真吸取這次大戰的歷史經驗教訓，為防止新的世界大戰發生，維護世界持久和平，不斷推動人類社會進步而英勇奮鬥。

貝當

貝當

外敵入侵自願簽訂屈辱條約

　　1856 年，亨利·菲利普·貝當生於法國加萊海峽省一個農民家中。1871 年，法國在普法戰爭中慘敗，恥辱感籠罩了整個法國，這使少年貝當立志做一名軍人。

　　1875 年，貝當考入聖西爾軍事學校。憑著深厚的軍事造詣，貝當畢業後很快就脫穎而出，進入了國家射擊學校擔任教官。但在戰略思想上，貝當大力提倡防守，與法國當時盛行的進攻戰略思想大相逕庭，因此一直未能得到重用。

　　1876 年畢業，貝當被分配到法軍第二十四輕步兵營任少尉排長。

　　1888 年，貝當進入陸軍大學深造。畢業後，在陸軍大學任教。由於在任教期間宣揚不適當的防禦理論，而沒有得到上司的賞識。

　　第一次世界大戰的爆發，為貝當提供了施展才能的舞臺。在馬恩河會戰中，他指揮一個步兵團打退德軍一個師的進攻，從而受到法軍最高統帥部的重視，被晉升為將軍。次年夏天，他又被提升為法軍第二集團軍司令。

　　在 1916 年凡爾登會戰中，正當數十萬法軍面臨被德軍前後夾擊的危急時刻，貝當及時率援軍趕來，粉碎了德軍的攻勢，促成了凡爾登戰役的勝利。貝當因此成為了歐洲聞名

的「凡爾登的征服者」，並於 1917 年被任命為法軍總司令。

1918 年 11 月，貝當晉升為元帥，並出任法國最高軍事會議副主席和陸軍總監。

1934 年 2 月，貝當出任杜梅格內閣的陸軍部長，涉足政界。任職期間，貝當沒有把握時機有效地提高法軍的作戰能力。1939 年至 1940 年，貝當出任法國駐西班牙大使。

1940 年 5 月，德軍開始進攻法國，作為永久性防禦工事的馬其諾防線不攻自破。

先後由莫里斯·甘末林和馬克西姆·魏剛指揮的法軍節節敗退，國內政局混亂。保羅·雷諾總理為控制局勢，建立最廣泛的民族團結，調動了國內的各種力量，貝當也應召回國出任內閣副總理。

結果，在繼續作戰還是透過求和結束戰爭這個問題上，法國政府內部分為兩派，一派以雷諾總理為首，另一派以貝當為首。

在 6 月 13 日至 16 日為期四天的戲劇性討論之中，貝當公開而毫無保留地當了主和派的領袖。

貝當向內閣宣讀了一份備忘錄，排除了在法國本土以外繼續戰鬥的任何想法，而在本土以內他又堅信法國業已戰敗，剩下的只有設法締結一項體面的和約。貝當以一種無可奈何的口吻說：法國的復興不可能透過軍事上的勝利來取得，而應是「祖國及其子孫承受苦難」的結果。停戰並不是

貝當

對戰敗的懲罰，而是一個新的開端，即「保障不朽的法蘭西永世長存的一個必要的條件」，貝當甚至以辭職相威脅。

1940 年 6 月 16 日晚，在迫不得已的情況下，雷諾辭去總理職務，阿爾貝・勒布倫總統任命貝當組閣。貝當發表廣播演說：「我把本人獻給法國，來減輕它的痛苦。」就在 16 日夜間，貝當即請求西班牙政府充當法國與德國談判的中間人。第二天，貝當下令法軍停火，這就等於承認放棄戰鬥，從而使法國在與德國談判停戰與議和條件時處於極為不利的地位，在很大程度上限制法國政府拒絕或商討德方所提條件的任何可能性。他為了達到停戰的目的，竟然答應了納粹德國對於停戰提出的十分苛刻的條件。

1940 年 6 月 22 日，在法國東北部的康比涅森林 —— 第一次世界大戰結束時德國簽署投降書的地方，法國代表查理・亨茨格將軍在貝當的授意下，與德國最高統帥部參謀長凱特爾元帥在停戰協議上簽字。

根據該協議：

法國必須割讓包括巴黎在內的五分之三的國土；法國政府必須每天為德國占領軍支付 4 億法郎的占領費；法國的空軍、陸軍不得超過 10 萬人；法國政府必須在政治、經濟、軍事、外交等方面與德國保持一致，不得有任何與德國相違背之處。

投靠納粹充當德國戰爭幫兇

1940 年 7 月 1 日，德國軍隊占領法國後，法國政府遷都至維琪。參、眾議院決定憲法暫停實施，並選出亨利・菲利普・貝當為國家元首，是為維琪政府。

10 日，國民議會以 569 票贊成 80 票反對通過決議，授予貝當制定新憲法的全權。新憲法以「法蘭西國家」代替了「法蘭西共和國」，以「勞動、家庭、祖國」代替了自西元 1789 年繼承下來的「自由、平等、博愛」。

貝當被授予「國家元首」的稱號並兼任總理，擁有召開國民議會、制定行政立法、指揮軍隊、任命或撤換部長等多種權力，幾乎比路易十四的權力還要大。

10 月 24 日，貝當前往距巴黎約一百多公里的蒙托爾鎮，專程拜訪希特勒。當晚 18 點，貝當在德軍司令凱特爾的陪同下走向希特勒專列所停靠的月臺。希特勒已站在月臺上，先向貝當伸出了手：「你願不願意與我們一起工作？」希特勒向貝當提出，如法國參加對英戰爭，就可以在北非維持超出停戰協定規定的軍隊，保證法國保留原有殖民地。受寵若驚的貝當立刻表示同意。從這天起，「停戰」變成了「合作」。一週後，貝當公開發表談話，表示願同納粹德國進行真誠的「合作」。另外，阿爾貝特・勒布倫也辭去法國總統

貝當

職位。於是，第三共和國變成了一個專制獨裁的國家。在這個國家中，敵視民主成了主導政治的強大力量，而貝當則成為納粹的傀儡。隨即，以貝當為首的維琪政府頒布了反猶太人的法律，規定：

猶太人在法國必須佩帶黃色的大衛之星標誌，否則法國政府可以隨時將他們拘留或逮捕；猶太人不得在法國擔任公職，不能從事新聞、工商等眾多職業。

維琪政府抓捕了法國境內 85% 的猶太人，並將 7.6 萬猶太人強行運往波蘭的集中營。

在經濟方面，維琪政府則將法國在南斯拉夫和保加利亞擁有的銅礦讓與德國。

貝當極力討好希特勒，可仍然沒有取得希特勒的信任，不久，德國納粹就推出拉瓦爾掌握維琪政府的實權，將貝當置於徒有虛名的國家元首的地位。

維琪政權的第一時期從 1940 年 7 月 10 日至 12 月 13 日，可稱為貝當 —— 拉瓦爾時期。

應該指出，貝當礙於體面，和德國人的合作多少有些羞羞答答，不時使出他慣用的兩面手法。

當他和拉瓦爾赤裸裸的親德賣國行為發生嚴重的意見分歧時，1940 年 12 月 13 日，貝當下令拘留拉瓦爾，並且派一支可靠的隊伍將其護送到他的私人住所裡去。

對於這個相當令人吃驚的事件，德國當局並不知道。於

是，從 1940 年 12 月 13 日至 1942 年 4 月 18 日開始了政權的第二時期，稱為貝當 —— 達爾朗時期。原海軍總司令達爾朗上將變成政權的第二首要人物。但拉瓦爾在德國人的支持下於 1942 年 4 月 19 日重新執政，開始了政權的第三時期。這時又頒布了新的制憲法令：

法國對內和對外政策的實際領導權全部授予政府首腦（即拉瓦爾），政府首腦由國家元首任命，並直接對國家元首負責。

這實際上把貝當變成了壁爐臺上的一件小擺設。

1942 年 11 月 8 日，盟軍在北非登陸。貝當命令在阿爾及利亞的達爾朗與盟軍配合作戰，同時又發布電文抗議盟軍登陸。

法國人在阿爾及爾的抵抗是象徵性的，事實上已經向盟軍打開了北非大門。德國人因此認為停戰條款已經不起作用，於 11 月 11 日出兵占領法國南部地區，維琪也變成德國人公開當家做主的地方了。

儘管如此，貝當的投降主義和合作主義，對法國喪失民族主權獨立，蒙受德國侵略者的欺凌和蹂躪，負有不可推卸的重大責任。貝當政治上的軟弱無能使他不能阻止拉瓦爾之流徹底的賣國行為，有意無意地扮演著「合作」的主角。

貝當鎮壓統治區內的任何反德活動，並提供原料、商品支付德國的占領費用，從 4 億法郎到 5 億法郎，1944 年 7

貝當

月又增加到 7 億法郎。貝當在廣播中號召為德國招收勞工，設立強制勞動局。

在德國出兵占領法國南方時，許多法國人希望貝當離開維琪，但是他沒有離開，仍然留在那裡，仍然忠於一個過於簡單的政策概念 —— 在祖國受難的時候，不應該拋棄本國的土地和自己的同胞。

這是貝當個人的悲劇。

1944 年 8 月 21 日，根據希特勒的命令，德國占領軍將以貝當為首的維琪政府全體成員押送到德國的西格馬林根堡「保護」起來。盟軍攻入德國本土後，又將他們轉移到瑞士的一個小城鎮。

德國投降前夕，窮途末路的貝當向法國臨時政府自首。

1945 年 7 月 23 日，法國最高法院開庭審判貝當。起訴書列出了貝當的幾條罪狀：

與德國簽署停戰協定，違背了法英同盟條約；配合德國，對英國和其他盟國採取敵對行為；和拉瓦爾一起，動員全國工業部門支持納粹德國進行侵略戰爭，並向德國輸出大批法國勞工；建立獨裁政權，私自允許德國控制本國領土。

貝當在長達 20 多天的審判中一言不發，他的辯護律師則十分活躍，說貝當這些行為是無奈之舉，也沒有完全與德國合作等等。辯護律師還威脅法庭說，如果貝當被處死，國家將會面臨分裂的危險，法國人民也會感到痛心。旁聽的人

們受到辯護律師的蠱惑，不停地為律師的辯護詞喝彩，以至於法官氣憤地大叫：「這個廳裡怎麼全是德國人！」8 月 14 日，判決出來了，貝當因犯通敵罪被判死刑，沒收一切財產，並且被宣布為「民族的敗類」。

此外，法庭還認定他犯有「誤人罪」。許多正派的公民因為他過去是英雄而信任他，結果被引入歧途。但戴高樂為了維護國家團結，簽署了特赦令，把貝當的死刑改為終身監禁。

1951 年，貝當死於法國西海岸的耶島，卒年 95 歲。

拉瓦爾

拉瓦爾

簽訂《羅馬協定》出賣非洲利益

1883 年 6 月 28 日，拉瓦爾出生於法國多姆山省的沙特爾東。拉瓦爾靠自學成為中學的輔導教師，繼而攻讀法學課程，獲學士學位。從 1907 年起，拉瓦爾在巴黎當律師。

拉瓦爾開始從政就表現出強烈的機會主義傾向。

20 世紀初，法國工人運動高漲，社會黨領導工人進行經濟和政治鬥爭，在工人中和社會上贏得了聲譽。拉瓦爾在 1903 年加入法國社會黨。他曾為工會和左派人士辯護獲勝，因而一舉成名。

1914 年至 1919 年擔任眾議員；1920 年因選舉失敗而退出社會黨；1924 年以獨立社會黨人的身分再度當選為眾議員；1927 年成為參議員。1934 年以後在杜梅格和費朗丹兩屆內閣中任外交部長；1935 年出任總理兼外交部長。

1935 年 1 月 7 日，拉瓦爾與義大利總理墨索里尼在羅馬簽署了一系列改善兩國關係的協定和文件，統稱《羅馬協定》。

法意《羅馬協定》的締結源於法國制衡納粹德國的政策需求。

1933 年希特勒在德國上臺後積極擴充軍備，並因此於 10 月退出國聯和國聯主持的裁軍大會。面對德國形勢的惡

化，法國人急於控制局勢的發展。

1934 年 4 月 17 日，法國政府公開聲明：

法國正式拒絕承認德國重新武裝的合法性，由於德國重新武裝⋯⋯法國今後將透過自己的方式保障自己的安全。

法國的最終目的，是希望透過擴大第一次世界大戰後它在歐洲建立的軍事同盟體系，來遏制納粹德國的擴張野心。因而所謂「自己的方式」實際上就是尋找新的盟友，以加強已有的軍事同盟。與義大利接近乃是法國實現上述外交目標的重要步驟之一。

事實上，在 4 月 17 日聲明發表後僅過兩天，法國政府就為改善與義大利的關係表明了態度：4 月 20 日，法國外長巴爾圖照會義大利政府，表示一旦法義在歐洲普遍安全問題上達成共識，法國將立即開始考慮解決法義衝突及簽訂友好仲裁條約。

此後，法國商業部長與法國退伍軍人代表團又先後赴義大利訪問，為法義合作鋪路。

5 月 25 日，巴爾圖在眾議院明確表示：「法國與義大利並不是不可能在一種誠懇、忠誠而又明確的緩和中合作的。」

對於法國親近的表示，義大利反應積極。不過與法國不同，它的主要目的不在於如何遏制德國，而是在於如何藉機吞併衣索比亞。

拉瓦爾

義大利圖謀衣索比亞的野心由來已久，早在 19 世紀後期，義大利就曾發動過對衣索比亞的侵略戰爭，但由於西元 1896 年阿杜瓦戰役的慘敗，義大利的圖謀沒有得逞。

第一次世界大戰後，隨著法西斯勢力的上臺，義大利武力吞併衣索比亞的野心又開始膨脹。但由於戰後英法勢力已經滲入衣索比亞，並且都擁有著巨大的經濟利益，如法國控制著衣索比亞港口吉布地到首都阿的斯阿貝巴的鐵路營運，這意味著義大利要想獨吞衣索比亞，必須事先獲得英法的認可。

對此，墨索里尼在 1933 年 1 月就曾明確表示，「只要我們在歐洲得到絕對的授權」，「在衣索比亞採取一場類似戰爭的行動」，將可以確保征服計畫的成功。因此，法國政策的調整無疑為義大利實現其侵略野心提供了一個求之不得的機會。

然而，由於法義在殖民地上遺留很多歷史問題，這使兩國接近初期進展緩慢。

直至 1934 年 7 月，納粹分子刺殺奧地利總理陶爾斐斯引發奧地利危機之後，法義在維護奧地利獨立問題上找到共同點，才使兩國接近的步伐大大地加快。

9 月 1 日，墨索里尼正式邀請巴爾圖在 10 月底訪問羅馬；9 月 5 日，巴爾圖指示法國大使先與義大利方面擬訂討論提綱，為出訪做準備；9 月 27 日，法義會談提綱擬訂；

10月3日，巴爾圖將他訪問義大利的日期定在11月4日至11日。

但是，由於10月9日巴爾圖在馬賽遇刺身亡，他計畫中的羅馬之行未能實現，法義接近的外交目標最終是由他的繼任者拉瓦爾完成的。

拉瓦爾在籠絡義大利方面比巴爾圖更加積極主動，當時法國的《共和國報》曾將拉瓦爾的外交活動概括為：「在多年的誤解與衝突後，恢復與我們的鄰國義大利的友好關係。」

在拉瓦爾眼中，義大利是連接法國與其東歐軍事盟國的橋梁，在制衡德國的危險方面具有重大的戰略價值。

法國軍方全力支持拉瓦爾的看法，並強調法國一旦與義大利結盟，不但可以把法義邊境的10個師調到法德邊境上來，而且有助於在戰時順利調回法國駐紮在北非的軍隊，這對改善法德軍事力量對比具有重要意義。

因此，拉瓦爾在10月9日上任後，把推進與義大利的結盟列為法國外交的首要任務，並採取了積極的行動。

10月31日，拉瓦爾致電法國駐義大使德尚布倫，詳述了法國對義外交的主要立場與目標，並指示他在此基礎上立即與義大利進行談判。

電報中，除了對法義兩國關於殖民地等歷史遺留問題一一做了指示外，還明確提出了法國在以下三個問題上

拉瓦爾

的要求：

軍備協定，法義應就兩國在德國破壞凡爾賽和約軍事條款時相互磋商達成協定；奧地利問題，法義及小協約國共同保證支持奧地利獨立及不干涉其內政；義南關係，希望義大利與南斯拉夫簽訂仲裁與協商條約，談判解決分歧。

11 月 20 日，德尚布倫會見墨索里尼，法義談判正式開始。

法義談判期間，衣索比亞問題始終是影響談判進展的關鍵問題之一。早在八九月份雙方最初擬訂談判議程時，義大利就絲毫不掩飾他們對衣索比亞的企圖，將法義在衣索比亞的利益劃分列為談判的重點問題，以至於法國人一開始就預感到衣索比亞問題將會成為談判的關鍵。

1934 年 12 月 5 日發生的瓦爾瓦爾事件，使義大利吞併衣索比亞的野心進一步膨脹，衣索比亞問題也隨即成為法義談判的首要內容。

12 月 6 日，即瓦爾瓦爾事件發生的次日，義大利代表蘇維奇向法國大使明確提出了有關兩國在衣索比亞利益劃分的問題，要求法國允許義大利參與吉布地 —— 阿的斯阿貝巴鐵路的經營，並支持義大利在衣索比亞自行修建一條鐵路。此後，又要求法國放棄在衣索比亞的其他經濟利益。

12 月 17 日，法國大使德尚布倫向拉瓦爾匯報：「對於蘇維奇先生提出的關於我們在衣索比亞放棄經濟利益的問題

的回應將事關根本利益。事實上，從我們的觀點看，這個回應是談判的關鍵。」

　　但是，當時法國政府關心的重點並不在衣索比亞。12月15日，拉瓦爾在內閣中將法國對義政策的目標概括為以下三點：

　　第一，希望義大利在德國重整軍備問題上支持法國的立場；第二，如果恢復裁軍談判，法義相互支持保留對德優勢，以確保本國安全；第三，法義在奧地利問題上合作。

　　因此，拉瓦爾有意將衣索比亞問題作為與義大利討價還價的籌碼，在達到目的之前不肯輕易讓步，致使法義談判在12月下旬一度停滯不前。

　　然而，此時墨索里尼已經決心動用武力征服衣索比亞。他在12月20日親自起草了一份針對衣索比亞的行動綱領，其中明確指出：義大利行動的最終目的是摧毀衣索比亞的武裝力量並全面征服這個國家。

　　在這種情況下，為使征服衣索比亞的計畫能夠順利實施，義大利急於在法義談判過程中與法國達成妥協。

　　12月25日，墨索里尼對義大利談判代表阿洛伊西說，由於「衣索比亞問題在我們與法國締結一項協定後才算準備就緒，目前有必要使事情進展得快些」。

　　為此，墨索里尼在12月27日親自召見法國大使，表示義大利同意法國在有關奧地利獨立及德國重整軍備等問題

拉瓦爾

上的立場，但條件是要求法國在衣索比亞問題上做出讓步。

對此，墨索里尼明確提出兩點要求：

一、法國允許義大利參股吉布地 ── 阿的斯阿貝巴鐵路的經營；二、法國政府祕密地承諾法國在衣索比亞的經濟利益僅局限於鐵路沿線。

法國大使在當天給拉瓦爾的電報中寫道：「墨索里尼對我毫不掩飾地說，這一點將是協定獲得成功的關鍵。」

遵守祕密承諾放棄正當權利

　　由於義大利在主要的問題上滿足了法國的要求，所以法國決定在衣索比亞問題上回報義大利。

　　拉瓦爾在 12 月 29 日提出一份有關法國在衣索比亞的經濟利益的協定草案，其中同意將法國的利益限制在吉布地 —— 阿的斯阿貝巴鐵路沿線，要求法國大使在此基礎上與義大利談判。

　　至此，法義談判獲得突破性進展，儘管具體細節還有待於敲定，但法義協定已基本成型，因而拉瓦爾的羅馬之行也隨即提上日程：啟程時間定於 1935 年 1 月 4 日。

　　1935 年 1 月 4 日，拉瓦爾如期抵達羅馬。

　　從 1 月 5 日開始，法義兩國談判代表就有關協定的最終文本進行了為期兩天的討論，其間有關衣索比亞問題的談判曾一度陷入僵局，最後協議是拉瓦爾與墨索里尼在 1 月 6 日夜晚進行了絕密的單獨會談後才達成的。

　　1 月 7 日晚 20 時，法義《羅馬協定》正式簽字。

　　《羅馬協定》是一系列文件的總稱，主要包括以下八個文件，即《法義共同維護和平的宣言》、《法義關於共同維護奧地利現狀的議定書》、《關於法義在非洲利益的條約》、《關於義大利人在突尼斯地位的議定書》、《法義保證自由通

拉瓦爾

過曼德海峽的議定書》、《法意關於裁軍問題的議定書》，以及墨索里尼致拉瓦爾的兩封信。

在這八個文件中，前四個文件是公開發表的，主要涉及奧地利問題以及兩國在非洲殖民地僑民和經濟利益等歷史問題，其內容基本上為人所知。後四個為祕密文件，內容涉及法義就德國軍備問題和衣索比亞問題所做的政治交易，它們才是《羅馬協定》真正的核心所在。

在四個祕而不宣的文件中，法國的收穫主要體現在《法義關於裁軍問題的議定書》中。該議定書不但宣布兩國一致反對德國單方面重新武裝，而且還明確規定了兩國在下列兩種情況下所應採取的行動：

在德國單方面重新武裝的情況下，法義應就雙方將要採取的態度進行協商以便協調行動；在形勢允許恢復裁軍談判的情況下，兩國政府應在有關軍備限制的數額方面共同合作，以便能夠確保兩國在彼此公平的基礎上擁有相對於德國的優勢。

從這份議定書的內容看，法國不僅在德國軍備問題上的立場獲得了義大利的認同，而且為法義締結軍事同盟做了準備。事實上，《羅馬協定》締結三天後，法義軍事參謀長會議便開始籌備了。由此可見，法國拉攏義大利、孤立德國的政策已經初見成效。

拉瓦爾事後曾得意地表示，他在羅馬得到了巴爾圖所切

望而未實現的結果:「希特勒和墨索里尼兩人的聯繫已被削弱了;義大利傾向法國了;奧地利的獨立已有保障了;歐洲和平的基礎已奠定了。」

　　為此,大多數法國人都將《羅馬協定》看做是法國外交的一大勝利,法國參眾兩院先後都以絕對多數票通過了該協定。社會黨領袖布魯姆甚至不無誇張地評價說:「這些公布的協議……是如此的高貴,如此的完美,如此的寓意深遠,以至於即使只有一部分得以實現,人們也會感到高興。」

　　然而,法國在《羅馬協定》中取得的成果是靠犧牲第三國 —— 衣索比亞的利益換來的。法義關於衣索比亞的祕密協議是以墨索里尼致拉瓦爾的兩封書信的形式表述的,這兩份「必須嚴格保密」的文件,分別表述了法國所做出的兩點讓步:

　　第一,法國政府向義大利政府聲明,除了有關自吉布地至阿的斯阿貝巴的鐵路交通相關的經濟利益之外,法國不在衣索比亞尋求其他方面的利益;

　　第二,為了便於兩國在自吉布地至阿的斯阿貝巴鐵路利益上更緊密地合作,法義確認該線法國特許公司出讓 2,500 股公司股份給義大利公司。

　　此外,拉瓦爾還在與墨索里尼的私下祕密會晤中口頭做出了允許義大利在衣索比亞「放手行事」的承諾。儘管拉瓦爾事後辯解說,他當時「全部的考慮就是義大利將只會以和

拉瓦爾

平的方式來利用這個行動自由」，同時極力否認會談中「存在任何可能推動或鼓勵義大利動武的事」，但這並不能否認法國已默認了義大利對衣索比亞存有野心的事實。

因為不論拉瓦爾允許義大利自由行事的承諾是否意味著認可義大利動武，法國的確將衣索比亞作為外交籌碼出賣給了義大利，而這一點恰恰是日後導致義衣衝突步步升級，直至義大利最終發動侵略戰爭的關鍵一環。

1935 年年底，義大利外交部的一份文件充分證實了這一點：「實質上，衣索比亞的命運及法國在東非問題上的立場在墨索里尼與拉瓦爾羅馬會談結束時就已經決定了。隨著 1 月 7 日信件的起草及拉瓦爾口頭的保證，法國政府已注定同意義大利為滿足其在東非擴張，及一勞永逸地解決與衣索比亞政府間的任何問題而自由行動了。」

事實的確如此。當法國人正為自己透過《羅馬協定》贏得了一個新的盟友而歡喜不已時，衣索比亞卻面臨著滅頂之災：1935 年 10 月，得到法國默許的義大利在經過幾個月的軍事準備後，悍然發動了侵略衣索比亞的戰爭。

《羅馬協定》的締結，實質上是法國對德政策的產物。作為抵消納粹德國為歐洲帶來的日益加劇的危險而採取的一系列外交手段之一，法國與義大利接近的最終目的在於加強自身安全、孤立納粹德國。

這種藉由犧牲第三國利益來維護本國安全的外交政策是

典型的綏靖政策。法國這種損人利己的短視政策，不但未能使《羅馬協定》成為遏制德國危險的王牌，反而使國際局勢日趨複雜與動盪。

《羅馬協定》的締結為當時的國際關係帶來了極為嚴重的後果。

從某種程度上說，稱 1935 年秋義衣戰爭的爆發，源於 8 個月前簽署的法義《羅馬協定》，並不為過。

但是，更令人不安的是希特勒對歐洲現狀的威脅。在此之前，法國聯盟體系幾乎是毫不費力地統治著歐洲大陸。

墨索里尼曾試圖組織反對集團，但是，他與奧地利、匈牙利、保加利亞和阿爾巴尼亞等國簽訂的協約幾乎沒有什麼價值。同樣，蘇聯被「封鎖線」切斷了和外界的聯繫，而且，它只埋頭於「在一國中建設社會主義」。只有德國待在一旁，這個國家在接受《羅加諾公約》和加入國聯時，已在施特雷澤曼的領導下與戰時的敵國講和。

1933 年，當希特勒成為德國總理時，這種令人欣慰的形勢被急劇地改變了。這位納粹黨領導人一段時間以來一直在為德國人要求更大的生存空間。《我的奮鬥》中的以下幾段話反映了他的基本思想和目標，在以後幾年中，他一直不斷地、沒有重大改變地重提這些思想和目標。

「……如今，不能靠強烈的抗議，而要靠一把巨大的劍，使被蹂躪的地區回到共同的德意志帝國的懷抱。鍛造這

拉瓦爾

把劍是一個國家內部政治領導人的任務；維護鍛劍工作和尋找戰友則是外交領導人的職責。……」

恢復 1914 年時的邊界的要求在政治上是十分荒唐的，其荒唐的程度和所帶來的嚴重後果使提出這一要求就像是在犯罪一樣……德意志帝國 1914 年時的邊界是根本不符合邏輯的。因為實際上，這些邊界從包括日耳曼民族的人民的意義上說，是不完整的；從地理軍事是否合宜的角度而言，也是不切實際的。……

「因此，我們國社黨人自覺地……關注我們 600 年前放棄的領土。我們不允許德國人繼續不斷地向南方和西方遷移，要把注意力轉向東方領土。如果我們今天談到歐洲領土，我們首先能想到的只是俄國及其邊境上的僕從國……新德意志帝國必須各次使自己沿著過去條頓騎士團的道路前進，用德意志的劍為日耳曼人獲得耕地，為這個民族獲得每日食糧。」

幾乎一點也不奇怪，當這幾段話的作者成為德國的主人時，外交上立即有了反響，首先是幾年來一直處於休眠狀態的小協約國開始恢復元氣。

1933 年 2 月，捷克斯洛伐克、南斯拉夫和羅馬尼亞建立了由三個國家外交部長組成的常設委員會，來促進其外交政策的協調和執行。同樣，這年春天，法國外交部長路易斯·巴爾圖周遊了小協約國各國首都及華沙，加強了法國與

其東歐盟國的連繫。

　　甚至連後來同希特勒結成「羅馬 ── 柏林軸心」的墨索里尼，一開始也強烈反對他的這位獨裁夥伴。由於許多德意志少數民族在南提洛，墨索里尼對以「一個民族、一個帝國、一個元首」為口號的擴張主義的納粹政權感到不安。因此，1933 年 7 月 15 日，他主動與英、法、德締結了《四國公約》。

　　公約重申，簽約國必須堅持《國聯盟約》、《羅加諾公約》和《凱洛格 ── 白里安條約》，未經四國同意不得對《凡爾賽和約》做任何改動。

　　這一做法證明是無用的，因為希特勒一再違反這些諾言，甚至無視與他一同簽約的國家。

　　1933 年 10 月，他宣布德國退出裁軍會議和國際聯盟。雖然他沒有立即透露其重整軍備的計畫，但這一計畫的存在 ── 如果不是就其進度和規模而言 ── 已普遍地為人們所知道。

　　這些發展促使土耳其、希臘、羅馬尼亞和南斯拉夫組成另一個地方性集團。1934 年 8 月 9 日，四國簽訂了《巴爾幹公約》，公約規定四國相互合作、共同維護東南歐的現狀。

　　比巴爾幹協約國的組成更值得注意的是，蘇聯的對外政策這時有了根本的改變。傳統上，蘇聯領導人認為，國聯是

拉瓦爾

掠奪成性的各帝國主義強國保持一致的組織。但是，1933年12月，當美國記者沃爾特·杜蘭蒂問蘇聯對國聯是否始終持否定態度時，史達林答道：

「不，並非始終，並非在所有的情況下都持否定態度。你們可能不十分理解我們的觀點。儘管德國和日本都退出了國聯，可能正是因為這一點，國聯也許仍然多少能起制止或阻止軍事行動爆發的作用。如果是這樣的話，那麼，要我們不顧國聯的嚴重缺點而支持國聯，並不是不可能的。」

這段話反映了蘇聯政府對希特勒的出現極為擔心。由於這種擔心，蘇聯這時認為，國聯是一種組織共同抵抗、以擋住納粹先發制人的侵略的可能的工具。這一新態度得到了法國外交部長路易斯·巴爾圖的鼓勵。

巴爾圖在國內問題上是保守派，在外交事務方面，他的簡單的、始終如一的目標是建立一個強大到可以勸阻希特勒不從事擴張主義冒險活動的聯盟。除了鞏固法國、小協約國和波蘭之間的關係外，巴爾圖這時還力圖使蘇聯加入維護現狀集團。

基本上正是由於他的努力，國際聯盟才邀請蘇聯加入，而蘇聯也於1934年9月19日接受了這一邀請。

第二個月，一個刺客在馬賽槍殺了巴爾圖和南斯拉夫國王亞歷山大。這是歐洲外交史上的一個轉折點，因為巴爾圖的繼承者們奉行一種比較錯誤的、自相矛盾的對德政策。

　　拉瓦爾尤其如此，他的陰謀詭計曾使羅馬尼亞外交部長尼古拉‧蒂圖萊斯庫破口大罵。頗為典型的例子是，1935年1月7日拉瓦爾和墨索里尼達成的和解協定，在這個協定中雙方同意，如果希特勒採取行動，他們就一起對付；他們還解決了有關其非洲領地的各種爭端。

　　法國將一些與義大利殖民地利比亞和厄立垂亞接壤的荒涼地區割讓給義大利，墨索里尼則放棄了對擁有許多義大利居民的突尼斯的約束。

　　兩個月後，也就是1935年3月，德國正式背棄了《凡爾賽和約》中關於解除德國武裝的條款，再次提出徵兵，並宣布德國軍隊將增加至36個師。

　　英、法、義在4月11日的斯特雷薩會議上做出了反應，它們一致同意共同行動，反對德國的威脅。事實證明，這一「斯特雷薩陣線」與兩年前的《四國公約》一樣無用。

　　各簽約國很快就開始自行其是：義大利忙著準備入侵衣索比亞；英國於6月18日與德國簽訂了一份單獨的海軍協定，允許德國建立一支相當於英國海軍力量35%的海軍；法國於5月8日與蘇聯締結了一份為期五年的同盟條約，雙方同意，如果一方遇到無端的進攻，另一方將予以援助；捷克斯洛伐克於5月16日與蘇聯簽訂了類似的條約，不過蘇聯對捷克斯洛伐克的援助取決於按照1924年的同盟條約也必須提供援助的法國。

拉瓦爾

　　總之，在希特勒掌權的刺激下，兩年內出現了好幾個旨在阻止這位「元首」的任何侵略行徑的新的外交集團——巴爾幹協約國、復活的小協約國、法蘇同盟和捷蘇同盟。

　　但是，在這些外交集團中也存在著嚴重的分歧。例如，《英德海軍協定》就引起了巴黎的不滿，1934 年 1 月簽訂的《德波互不侵犯條約》也沒得到巴黎的賞識……

　　隨著衣索比亞危機的爆發，這些分歧成為徹底破壞國際聯盟和戰後整個外交結構的日益豁開的裂口。

任職維琪政府實施賣國政策

　　1936 年，在人民陣線獲勝前不久，拉瓦爾內閣倒臺。此後四年，拉瓦爾都沒有在政府任職。1940 年 5 月至 6 月，法國潰敗。雷諾政府起先遷到都蘭，以後又一個城堡一個城堡地轉移，最後停留在波爾多，再也無法前進了。政府必須進行討論並做出決定，是繼續戰鬥還是停戰求和。

　　在貝當元帥成為主和派的領袖時，既不是政府成員而在此之前又從未參加過雷諾政府工作的拉瓦爾，卻坐鎮波爾多市，對議員們施加影響，在議會裡支持那批追隨貝當元帥的部長們。

　　在貝當組閣時，拉瓦爾便進入貝當政府任國務部長。拉瓦爾勸說政府留在法國本土，接受停戰。6 月 21 日，拉瓦爾在波爾多粗暴野蠻地阻止了勒布倫總統的出走。22 日，法德停戰協定正式簽字。從此，拉瓦爾在維琪政府中開始堅定地推行親德賣國政策。拉瓦爾親德親法西斯的政治傾向由來已久。第二次世界大戰以前，法國存在著一股主張對法西斯的崛起採取不抵抗政策，和不惜任何代價尋求和德國協調一致的傾向，拉瓦爾就是這個新傾向的化身。事實上，從一開始，拉瓦爾就是法德「忠實合作」的鼓吹者。

　　身為維琪政府的一名要員，拉瓦爾勸說國民議會自行解

拉瓦爾

散，從而使第三共和國於 1940 年 7 月 10 日壽終正寢。同時，由於他的堅決支持，古怪而反動的制憲法令得以通過，確立了維琪政權的某種「合法」地位。

1940 年 10 月，拉瓦爾和希特勒私下會晤，使希特勒相信一個願意「合作」的法國對德國大有好處。

幾天以後，他又安排貝當與希特勒會晤，以便使他親德賣國的新政策得到認可。拉瓦爾擅權專斷，不顧廉恥，引起內閣中其他部長們的猜疑，也為仍想保持某種中立和自治的貝當所不容，因而在 1940 年 12 月被貝當解職。

不久，德國占領當局的阿貝茲親臨維琪，指令釋放拉瓦爾並把他帶到巴黎。拉瓦爾加入了德國在法國組建的法西斯組織「巴黎中心」。

1941 年 8 月 27 日，拉瓦爾參加「法國志願軍團」典禮時遇刺受傷，遂進一步得到納粹德國的信任和垂青。

1942 年 4 月，由於德國人出面干涉，貝當被迫重新召回拉瓦爾任政府總理，因為他比達爾朗之流更能讓德國法西斯稱心如意。一項新的制憲法令把內外政策的實際領導權全部給了拉瓦爾，貝當終於成為「傀儡元首」，這本是拉瓦爾早在 1940 年 6 月就已經想做的事。

拉瓦爾改組政府，那些由貝當元帥早先任命的部長們不是被迫自動辭職，就是被撤職。

拉瓦爾任命了兩個堅定地與德國「合作」的人 —— 博

納爾和比歇隆。他們一個「控制」法國青年，另一個則用最能使德國人滿意的方式來管理法國經濟。而拉瓦爾自己則大權獨攬，兼任外交部長、內政部長和情報部長。

6 月 22 日，拉瓦爾發表臭名昭著的聲明：

我衷心祝願德軍勝利，因為如果沒有這個勝利，明天布爾什維克主義就會到處氾濫。

貝當元帥的「合作主義」已經很難被接受了，拉瓦爾關於德軍勝利的祝詞更不會為正義的法國人民所饒恕。而拉瓦爾卻一意孤行，開始收穫他那罪惡的果實了。

首先，拉瓦爾進一步縱容了納粹德國對法國人民的凌辱，許多法國人被肆意屠殺，成千上萬的猶太人不分男女老幼，統統塞進毫無衛生設備的車廂裡，送交德國人。

僅 1942 年 4 月 20 日至 5 月 24 日，德國人槍斃的法國人質達 210 名。1942 年 7 月之後的兩個月中，維琪當局把 10,410 名猶太人送到納粹手中。

其次，拉瓦爾充分利用維琪的情報和宣傳部門，引誘法國人志願到德國去，替德國人補充因戰爭造成的勞動力不足。拉瓦爾還想出一個主意，即由青年工人去「更替」上了年紀的犯人。

維琪政府於 1943 年頒布「強制勞動制」法令，規定凡 20 歲至 22 歲的青年均應去德國服勞役，並設立了強制勞動局。

拉瓦爾

同時，拉瓦爾把「法國志願軍團」改為「三色旗軍團」，使它有了正式地位。至 1944 年 7 月，共有 65 萬法國勞動力被遣送到德國。

另外，拉瓦爾還動用法國的經濟力量支持德國法西斯的侵略戰爭。法國生產的工業產品中 12% 的飛機、10% 的蒸汽機車、20% 的卡車等都交給德國使用。他還破壞和鎮壓法蘭西民族抵抗運動。拉瓦爾命令警察跟蹤法國南部的抵抗運動者，特別是跟蹤那些以為不會遭到德國人襲擊的向英國祕密發出電報的人。

1944 年 6 月，盟軍在諾曼第登陸。

1944 年 8 月，法西斯德國的失敗已成定局，拉瓦爾仍企圖以各種方式改變維琪政府的性質，打算召開早已解散的議會，成立一個能為英美所接受的臨時過渡政府，使戴高樂在他的政府還未得到法律上的承認之前，就面臨著在首都已有一個掌握實權的政府這一既成事實。但是這一企圖未能實現。

1944 年 8 月下旬，德國占領當局命令貝當、拉瓦爾等人動身前往貝爾福。

1945 年 5 月，拉瓦爾逃往西班牙，在那裡準備為自己辯護。西班牙政府把拉瓦爾交給了盟軍。

1945 年 8 月，拉瓦爾被引渡給法國政府。

同年 10 月 9 日，巴黎高等法院以叛國罪判處拉瓦爾死

刑。拉瓦爾在法庭上極力狡辯，為自己開脫，但仍然無濟於事。拉瓦爾於 10 月 15 日被處決於弗雷訥監獄的圍牆邊，結束了他可恥的一生。

佛朗哥

佛朗哥

發動武裝叛亂推翻民主政府

西元 1892 年，佛朗哥出生於西班牙一個海軍軍官家庭。1907 年入托雷多步兵學院學習，1910 年畢業後在第八步兵團供職。1912 年參加鎮壓西屬摩洛哥起義。1921 年任西班牙外籍軍團司令。1926 年晉升準將，成為歐洲最年輕的將軍，到法國軍事學院學習。1928 年任新成立的薩拉戈薩高等軍事學院院長。

1931 年 4 月，西班牙爆發資產階級民主革命，推翻了君主政體，建立了共和國。新西班牙共和國的領導人採取了堅決的反軍國主義政策，軍事學院被解散，佛朗哥被列入退役名單。這時，隨著德義法西斯的崛起，西班牙的反動勢力十分猖獗。

1933 年，西班牙建立了法西斯組織「長槍黨」，保守勢力重掌共和國時，佛朗哥恢復現役。

1934 年，佛朗哥升任少將。10 月，阿斯圖里亞斯礦工為反對三名右翼分子進入國會而發動起義，佛朗哥受命前往鎮壓，獲得成功。

1935 年 5 月，任右翼政府的陸軍參謀長，開始整飭紀律，加強軍事制度。無力控制國家的中右政府被解散後，新一輪大選定於 1936 年 2 月舉行。

這時西班牙分裂為兩派，右翼民族主義集團和左翼人民陣線。在歐洲反法西斯人民陣線運動潮流的影響下，1936年1月，西班牙成立了一個以共產黨、社會黨、共和黨等政黨參加的反法西斯人民陣線。

人民陣線的綱領要求釋放政治犯，實行軍隊民主化，沒收地主土地給農民，恢復民主自由，減少捐稅，提高薪資。

1936年2月16日，人民陣線在議會選舉中擊敗了資產階級右派政黨，獲得了決定性勝利，成立了曼努埃爾·阿薩尼亞新內閣。新內閣按照人民陣線的綱領進行了民主改革。

左翼雖贏得選舉，但新政府卻無力阻止西班牙社會和經濟的加速分崩離析。儘管佛朗哥從未屬於任何黨派，但他迫於不斷加劇的無政府狀態，要求政府宣布進入緊急狀態。但他的要求被新政府拒絕，他被調離總參謀部，派往偏僻的加那利群島司令部。

沒有贏得選舉的法西斯分子不甘失敗，處心積慮地要顛覆年輕的共和政府，他們還企圖效法德國和義大利，在西班牙建立法西斯獨裁政權。

1936年7月18日，駐守西屬摩洛哥梅利利亞的駐軍首腦佛朗哥，在法西斯「長槍黨」和陸、空軍大部分人的支持下，發動了武裝叛亂，企圖奪取政權。

叛亂一開始，執政的共和派阿薩尼亞政府就驚慌失措，立即宣布辭職。

佛朗哥

　　西班牙人民在共產黨和人民陣線其他政黨領導下，為保衛共和國，捍衛民主、自由，與叛亂分子展開了戰鬥，用「血肉的城牆」抵抗法西斯。7 月底，叛亂分子的處境岌岌可危。蘇聯和世界各國人民以及革命組織紛紛起來支援西班牙。在西班牙人民和政府有力量平息叛亂、鞏固共和國政權的情況下，德義法西斯乘機插手干預西班牙戰爭。

　　西班牙人民不僅要對付國內叛亂分子，同時還要反擊德義法西斯的武裝干涉，年輕的西班牙共和國面臨著國際、國內戰爭的嚴峻考驗。西班牙成了世界進步勢力與法西斯勢力直接和間接交戰的場所。

依靠法西斯援手取得最終勝利

西班牙地處西南歐的伊比利亞半島，北依庇里牛斯山，背靠法國，南隔直布羅陀海峽與非洲相望，扼大西洋、地中海航路的咽喉。德義法西斯如果控制了這一戰略要地，就可以進攻英法在歐洲的南翼，形成對英法的戰略包圍。

西班牙也是一個重要的戰略原料產地，英法美在這裡有大量的投資，占有西班牙就可以奪取西方國家的經濟權益和戰略資源。同時，西班牙人民陣線的勝利，使德義法西斯害怕西班牙人民革命的潮流會喚起和推動西歐各國反對法西斯、爭取和平與民主的正義鬥爭。

德義法西斯藉口反對共產主義的威脅，乘機干涉西班牙內戰，以便控制西班牙，在西南歐擴展勢力，達到最後征服歐洲的目的。

早在 1933 年，希特勒就透過諜報局和蓋世太保將大量武器供應西班牙法西斯分子。

1934 年 3 月，墨索里尼和西班牙保皇派簽訂了祕密協定，表示願意承擔顛覆共和國的義務。德國法西斯透過情報人員不斷地在西班牙招募「第五縱隊」和恐怖分子，建立祕密武器庫，為法西斯暴動做準備。

1936 年 7 月，德義法西斯情報人員和西班牙法西斯頭

佛朗哥

目共同制定了叛亂的軍事計畫。當西班牙叛亂分子處於困境時，「盡一切可能使佛朗哥迅速獲勝」。

7月底，德義法西斯用軍艦和飛機幫助佛朗哥把軍隊從西屬摩洛哥運到西班牙海岸。德義法西斯還向佛朗哥叛軍提供大量武器、飛機和坦克。

在戰爭頭兩年中，德國提供了佛朗哥650架飛機、200輛坦克、700門大砲；義大利提供了1,000架飛機、950輛坦克和裝甲運輸車、約2,000門大砲。

同時，德義法西斯還公開地直接進行武裝干涉，有15萬義大利軍隊和5萬德國軍隊都先後進入西班牙，和佛朗哥的叛軍協同作戰，還用軍艦封鎖西班牙海岸，切斷了西班牙與外界的聯繫。德國法西斯甚至直接占領了西班牙的北部和西屬摩洛哥，義大利占領了西班牙的南部和巴利阿里群島。

德義武裝干涉，使西班牙叛軍在軍事上逐步占有絕對優勢。9月4日，社會黨人拉爾戈·卡巴列羅在馬德里成立了人民陣線政府，新政府領導西班牙人民與優勢的叛軍和德義干涉軍進行了艱苦卓絕的戰鬥。

英法統治集團既害怕民主力量在西班牙取得勝利，又害怕西班牙戰火燒到自己身上，對西班牙內戰採取了所謂的「不干涉政策」。

在英國策劃下，1936年7月14日，法國政府率先宣布對西班牙戰爭保持「中立」。8月，英法兩國政府互換照會，

採取共同行動，禁止向西班牙輸出武器和軍用物資。隨後，共有 27 個歐洲國家接受法國政府提出的「不干涉協定」，並成立了監督執行協定的「不干涉委員會」。

這時，美國也又把「中立政策」原封不動地施用於受德義法西斯武裝干涉的西班牙。英法美推行的「不干涉政策」和「中立政策」使西班牙共和國政府得不到應有的國際援助。而西班牙叛亂分子反而能從德義手裡源源不斷地得到飛機和大砲，具有諷刺意味的是，其中就有德義從英法美等國購買的武器。

史達林領導下的社會主義蘇聯，堅定地站在西班牙人民一邊，譴責德義法西斯的侵略行徑，深刻地揭露了英法美等國「不干涉政策」和「中立政策」的實質，全力支持西班牙共和國政府和人民的正義戰爭，提供了西班牙人民包括坦克和飛機在內的大量援助。

共產國際也號召各國工人階級聯合起來，支援西班牙人民反法西斯戰爭。在西班牙戰爭處於極端困難的時候，全世界有 54 個國家的共產黨和相關人士，響應共產國際的號召，組成了著名的「國際縱隊」，與西班牙人民並肩奮戰。

西班牙首都馬德里是人民陣線政府所在地，佛朗哥叛亂分子從一開始就企圖占領馬德里。

1936 年 10 月，在馬德里的「第五縱隊」配合下，叛軍和干涉軍用精銳的 4 個縱隊兵力向馬德里發動進攻，馬德里

佛朗哥

人民展開了西班牙內戰爆發以來規模最大的一場戰鬥——馬德里保衛戰。

10 月底和 11 月初,佛朗哥叛軍和德義干涉軍對西班牙首都發起猛烈進攻。馬德里人民、共和國軍隊以及國際縱隊在面臨法西斯重重包圍和進攻的嚴重情況下,不畏強暴,團結奮戰,接連打敗了敵人的三次進攻。

這時,德義法西斯為叛軍增調了大批武器和雇傭軍,又發動了第四次進攻,結果又被馬德里守軍擊退。馬德里已成為西班牙共和國堅不可摧的堡壘。

3 萬多名國際縱隊戰士在馬德里保衛戰中表現出了英勇的犧牲精神,1 萬多名國際主義戰士為西班牙人民的革命事業獻出了寶貴的生命。馬德里保衛戰是一曲國際主義精神的凱歌。

西班牙人民在敵我力量懸殊的情況下,堅持戰鬥了32 個月。

1939 年 2 月 27 日,英法政府無條件承認佛朗哥政府,並對共和國政府施加壓力,逼其向佛朗哥投降。

3 月,無政府主義分子和陸軍上校卡薩多叛變,共和國軍隊陷於瓦解。3 月 28 日,馬德里終於失守。

4 月,西班牙共和國在國內外敵人的圍攻下,進行了最後的頑強抵抗,終於失敗。西班牙人民的英雄業績,為世界各國人民反對法西斯武裝侵略的戰爭,樹立了光輝的榜樣。

退而保持「中立」靜觀時局變化

內戰後，佛朗哥掌權，除了肅清叛亂分子外，更採取一系列鞏固政權的高壓措施，數萬名共和退役軍人被槍決或是被處 20 年至 30 年的徒刑，左派工會組織及所有政治組織均被禁止設立或活動，並實施統一輿論口徑，共和時代的各項改革全部取消，實施其法西斯政權的獨裁統治。

同樣身為法西斯獨裁者，相對於瘋狂和有著狼子野心的德國納粹頭子希特勒，西班牙的獨裁者佛朗哥可以用貪婪、自私而不失理智來形容。西元 1820 年 4 月，威靈頓公爵說：

「在歐洲，使干預他國事務的外國人最占不到便宜的國家，莫過於西班牙。沒有一個國家像西班牙那樣討厭甚至鄙視外國人，在風俗習慣方面，他們和歐洲其他國家也如此不同，格格不入。」

應該說，佛朗哥完全繼承這種典型的西班牙風格，並且更有理智和頭腦。在第二次世界大戰中與佛朗哥屢次打交道的英國首相邱吉爾的判斷，可以加深我們對佛朗哥的印象。邱吉爾在其《第二次世界大戰回憶錄》中寫道：

「在整個戰爭期間，佛朗哥將軍的政策完全是自私而且冷酷的。他只想到西班牙和西班牙人的利益。他從來沒有考慮過如何報答希特勒和墨索里尼對他的援助；另一方

面，他也並不因為我們左翼政黨對他的敵視態度而對英國有所懷恨。」

由此可以看出，相對於希特勒的神經質和喪心病狂，佛朗哥這種奸猾的性格和由其決定的西班牙的政策基準。雖然在當時的英國首相邱吉爾眼裡，都顯得是「簡單的」、「自私冷酷的」，甚至邱吉爾都為佛朗哥的這種自私做法替德義法西斯鳴抱不平。

但佛朗哥這種看似簡單自私的政策在當時卻是十分實用和審時度勢的，也正是佛朗哥的這種審時度勢，使西班牙免於陷入第二次世界大戰這個死亡的泥潭，並避免了像他的法西斯同盟一樣的失敗命運。

當然，在內戰中屠殺過成千上萬愛國者的佛朗哥絕不會站在同情廣大民眾的立場上來做出這種決策，他之所以這麼做是從內戰後西班牙的國情和剛建立的統治基礎來考慮的。

首先，在經歷了充滿屠殺和破壞的全國性的三年內戰後，西班牙可以說是滿目瘡痍，元氣大傷。在三年內戰中，大約有 100 萬西班牙人喪生，損失的財產更是不可計數。因此，對於剛剛經歷過戰亂還處於恢復期的西班牙來說，脆弱的經濟基礎不允許它參加第二次世界大戰那樣全面的、高強度的戰爭。

其次，佛朗哥政權的統治在當時還未鞏固，雖然他殘酷地鎮壓了共產黨和民主派，但捲入一場全面戰爭，必將使其

內部各種矛盾激化，從而將瓦解其統治的基礎。

最後，選擇「中立」這種兩面都不得罪的政策，可使西班牙靜觀時局發展，從容應對國內外的變化，從而使自己的外交更具彈性空間。

當然，法西斯避免不了其侵略的本性，理智的佛朗哥也遏止不了其貪婪的欲望，西班牙在第二次世界大戰初期也曾瀕臨參戰的邊緣。

1940 年夏，德國對低地國家，即荷蘭、比利時、盧森堡和法國的侵略使西班牙處於一個嶄新的地位。德軍似乎極有可能越過庇里牛斯山，橫跨西班牙以攻擊直布羅陀和北非。假使他們這樣做的話，以佛朗哥為首的西班牙政府會予以抵抗還是會與之合作呢？或者佛朗哥是否在等待機會親自發動一場戰爭呢？

面對入侵的威脅和當時法西斯軸心國發展形勢下參戰的巨大利益，一方面，西班牙政府在四五月間已通知了英法義政府，西班牙對於任何入侵的企圖都將加以抵抗，而且在 5 月的第一個星期裡，無論在公開場合或私下，依然重申西班牙嚴守中立的政策。

同時，德義法西斯的節節勝利大大刺激了西班牙的擴張野心，長槍黨黨徒開始上街舉行遊行示威，提出對直布羅陀、摩洛哥、丹吉爾和阿爾及利亞的領土要求。

6 月 10 日，義大利對英法宣戰成為當時對西班牙參戰

的最有力召喚，兩天後，佛朗哥宣布西班牙已從「中立」轉變為「非交戰狀態」。

6 月 14 日，巴黎淪陷的當天，西班牙軍隊占領了一直為法國殖民地的丹吉爾港。種種跡象顯示，西班牙離參戰只有一步之遙。

西班牙與當時德義法西斯國家的關係，尤其是和希特勒的納粹德國之間的關係，也是影響其當時政策的重要因素。

「我寧可被拔掉三四顆牙齒，也不願再搞這樣的談判。」這是 1940 年 10 月 23 日希特勒為爭取西班牙協助，與佛朗哥在法國和西班牙邊境進行談判後，對墨索里尼說過的一句話。

這句話不但反映了當時談判的背景，也可以視為第二次世界大戰時西班牙和軸心國之間關係的一個縮影。

德義法西斯當時之所以干涉西班牙內戰，扶植佛朗哥的法西斯政權，很大原因就是想讓西班牙在日後的戰爭中成為自己的盟友，站到自己一邊。

1939 年 8 月，還未取得內戰全國勝利的佛朗哥政權便宣布，如果戰爭爆發，他們將恪守中立。

這一聲明，雖然使柏林感到不快，但只是將其看成是佛朗哥在內戰持續期間的權宜之計，並且預期法西斯的西班牙雖然名義上是中立的，但仍將為軸心國做出有用的貢獻。

1940 年年初，德國在歐洲的戰事節節勝利時，西班牙

和德國的距離達到了歷史的最小值，西班牙與德義法西斯的結盟只有一步之遙。但兩國最終還是未能結盟，這不能不說是在當時複雜環境下對各自國家利益問題進行博弈的結果。

1997 年，英國愛丁堡大學歷史教授戴維‧斯塔福德經過對邱吉爾在第二次世界大戰時期信件的研究，發布了他的研究成果。

從研究成果可以看出，正是邱吉爾對當時西班牙法西斯政權高級官員和軍官的「金錢外交」，阻止了西班牙倒向軸心國，從而「改變了第二次世界大戰的發展方向」。

1940 年 5 月，邱吉爾就任英國首相。

當時的國際形勢非常嚴峻：法西斯德國在歐洲大陸節節勝利，而居於重要戰略位置的西班牙，隨時都可能投降納粹。對於英國來說，如果德國控制了位於伊比利亞半島的西班牙，那將是一場災難 —— 地中海的戰略運輸線將被封鎖。

邱吉爾不愧為「第二次世界大戰名相」，他在分析了佛朗哥政府的內部勢力之後，決定透過收買一些對佛朗哥有影響力的西班牙高級指揮官，以影響當時佛朗哥和西班牙的對外政策。

為了實現這個計畫，身為當時英國首相的邱吉爾曾專門從預算中撥出一筆資金用於這項絕密行動：由英國國庫在一家瑞士銀行的紐約分行存入 1,000 萬美元。

戴維‧斯塔福德教授說：「這筆錢很可觀，但是鑑於涉

及的事情重大，用於收買西班牙軍人就顯得不是很多了。」

　　他在研究邱吉爾當年的信件時發現了這個收買事件。戴維·斯塔福德說：「西班牙和德國聯合在一起可能會改變第二次世界大戰的發展方向。」

　　也許，正是邱吉爾這種不拘世俗和釜底抽薪的做法，避免了當時法西斯的西班牙投向軸心國，從而影響了世界歷史發展的走向！

　　1939年內戰結束後，佛朗哥成為終身元首，進而取締其他一切政黨，建立法西斯獨裁專政。

　　1940年上半年，由於德國橫掃西歐連連獲勝，熱衷投機的佛朗哥保持中立的立場開始傾斜，他希望趁機收回被英國人控制兩個多世紀的直布羅陀。

　　同年6月，佛朗哥突然出兵占領丹吉爾。當時丹吉爾是德、義、英、法四國共管的地區。佛朗哥在採取這一軍事行動以前，只通知了德、義，而沒有通知英、法。

　　隨後，佛朗哥又提出收回直布羅陀的口號。

　　1941年6月，德國法西斯黨首阿道夫·希特勒下令進攻蘇聯，佛朗哥被希特勒的勝利沖昏了頭腦，表示完全支持希特勒的行動，並請求德國允許西班牙長槍黨志願軍參加對蘇戰爭，以報答1936年至1939年間德國給西班牙的「兄弟般」的援助。

　　但是，精明的佛朗哥仍留有後退的餘地。對外，他只是

宣布西班牙由「中立國」轉變為「非交戰國」；對德國，他強調「西班牙派志願軍並不等於站在德國一方參戰」。

實際上，佛朗哥是組織了一個由長槍黨黨員組成的「藍色師團」，這個師團的士兵全部穿上德國軍隊的服裝，開赴蘇聯作戰。

1943 年以後，佛朗哥見軸心國取勝的希望渺茫，德軍節節敗退，馬上又調整西班牙的外交政策，宣布西班牙由「非交戰國」恢復「中立」，並下令召回在蘇聯作戰的「藍色師團」。

第二次世界大戰結束後，佛朗哥在國內繼續推行恐怖統治，對長槍黨以外的黨派，尤其是共產黨、社會黨黨員，大肆搜捕、關押，甚至處死，而且還使用閹割刑和絞刑。佛朗哥的這種恐怖暴虐統治，引起世界多國的強烈不滿。

1946 年 12 月，聯合國通過決議，建議所有聯合國成員國從西班牙召回大使，決定只要西班牙保持現行制度，今後就不接納西班牙為聯合國會員國。

面對這種國際孤立的局面，佛朗哥宣布實行閉關自守的、孤立的經濟政策，在國內開展仇視猶太人和一切外國人運動，禁止在公共場合懸掛寫有外國字的招牌，鼓勵使用本國產品。

1947 年，佛朗哥宣布西班牙為君主國，他自己則為終身攝政王。

佛朗哥

　　1969 年 7 月，佛朗哥指定前國王阿方索十三世之孫胡安·卡洛斯在他死後繼承王位。

　　1975 年 11 月 20 日，佛朗哥病死於馬德里。

奎斯林

奎斯林

模仿希特勒建立獨裁統治

　　奎斯林於西元 1887 年 7 月 18 日出生在挪威弗雷斯達爾一個農民家庭。

　　1905 年 9 月，奎斯林考入挪威軍事學院。在此期間，奎斯林發現自己在學習競爭中未能處於引入注目的地位，遂奮起直追。

　　3 年之後，奎斯林以第一名的成績從軍事學院畢業，前往野戰砲兵部隊任中尉。1909 年，奎斯林考入挪威高級軍事學院深造；1911 年，以最佳成績畢業，因而單獨受到國王的召見，後到總參謀部任職。

　　1917 年 10 月，奎斯林調任野戰砲兵總監的參謀，同年改任砲兵指揮軍官，晉升為上尉，野心勃勃的奎斯林對此並不滿足。他的沉默寡言在同事中是有名的，往往坐一個小時卻不說一句話。此外，他沒放棄對學習的愛好，仍抓緊學習歷史、數學和哲學，注意研究俄國問題。奎斯林因其百科全書式的知識而被同事稱為「教授」。

　　1918 年 5 月，奎斯林出任挪威駐俄國公使館武官。在此期間，結識了後來對其政治生涯影響很大的商務參贊弗雷德里克·普里茲。同年 12 月，奎斯林返回總參謀部。

　　1919 年夏，奎斯林前往赫爾辛基的芬蘭公使館，先任

祕書，後改任武官。1921 午 6 月奉召回國。

奎斯林的知識和經歷引起了弗里特約夫·南森的注意。南森是著名的北極探險家、動物學家、外交家和挪威人道主義領袖人物，當時正在國際紅十字會的主持下領導國際俄國救濟委員會的工作。

南森在蘇俄莫斯科和哈爾科夫設有兩個辦事處，決定起用奎斯林從事救濟工作。

1922 年 1 月，奎斯林獲得國防部的批准，前往蘇俄的烏克蘭就任哈爾科夫辦事處主任。大約在 1923 年 9 月，奎斯林被挪威總參謀部解除職務，辦事處主任職務也被撤消。

應當時出國際聯盟難民事務高級專員的南森的邀請，從 1923 年年底至 1925 年，奎斯林先後在巴爾幹半島和蘇聯處理難民事務，南森對奎斯林的工作給予高度評價。

1927 年 6 月起，奎斯林奉命以挪威駐蘇聯公使館祕書的身分為英國代管其在蘇聯的利益，直至 1929 年 12 月，奎斯林因此獲得英國政府授予的帝國勳章。

因大蕭條的影響，奎斯林未能找到理想的工作，遂決定投身政治。1930 年南森逝世後，奎斯林連忙發表文章，宣稱自己是南森的政治繼承人，以擴大自己的社會影響。1931 年 5 月，奎斯林被組閣的挪威農民黨任命為國防大臣。奎斯林任內對防務毫無建樹，卻賣力地反對工黨和工會。

1933 年 3 月，任期屆滿。此時，挪威的經濟危機加

奎斯林

劇，階級衝突日益突出。奎斯林開始轉向法西斯主義，決心模仿希特勒在德國的所作所為，在挪威建立獨裁統治。

1933 年 5 月，奎斯林抄襲德國納粹黨的理論和策略，在普里茲等人的支持下，創建挪威國家統一黨，自任黨的元首，並組織衝鋒隊。但是，納粹主義在挪威土地上影響不大。

在 1933 年和 1936 年的兩次議會選舉中，奎斯林的國家統一黨所得票數都不足選民總數的 20%，根本未能得到議席。此後，奎斯林決心投靠納粹德國，借用希特勒的武力奪取挪威政權。

奎斯林於 1939 年夏開始與德國納粹黨對外關係部部長、納粹理論家阿佛烈·羅森堡建立聯繫。

但是，此時大戰尚未爆發，納粹德國還未充分意識到挪威的戰略地位，因此對奎斯林的暗送秋波並未給予足夠的重視和回報。

投靠法西斯變成傀儡政權

　　挪威地處北歐斯堪地納維亞半島的西北部，東鄰瑞典，東北與芬蘭和俄國接壤，西瀕挪威海，海岸線長 21,000 公里，多天然良港，戰略地位十分重要。由於德國沒有直接進入大西洋的出口，只有經北海繞過英國本土才能進入大西洋。但強大的英國海軍一直是德國海軍的一塊心病。

　　第一次世界大戰期間，英國曾利用海軍優勢，從謝德蘭群島到挪威海岸，橫跨狹窄的北海，布置了一道嚴密的封鎖網，使德國艦隊困在本土港內無所作為。

　　第二次世界大戰爆發後，德國海軍鑑於歷史經驗和地理事實，認為要對付占優勢的英國海軍，德國必須設法在挪威獲得基地，這樣才能突破英國在北海的封鎖線，暢通無阻地進入大西洋。

　　德國海軍中將韋格納形象地比喻道：

　　北海的德國艦隊原是沒有馬的騎士，現在應當讓他騎在地理的馬鞍子上。

　　1939 年 10 月 10 日，德國海軍總司令雷德爾海軍上將晉見希特勒，表示擔心挪威可能向英國開放港口，這將帶給德國戰略上的不利後果。

　　他力勸希特勒先占領挪威，以作為對英作戰的海軍基

奎斯林

地，同時也可以確保瑞典的鐵礦砂來源。德國每年消耗的
1,500 萬噸鐵礦砂中，有 1,100 萬噸要從瑞典進口。在冬
季，這些鐵礦砂要經鐵路運到挪威港口那維克，然後再航運
到德國，整個航線恰好在挪威領海以內。但在希特勒的戰略
中，首要目標是征服西歐，所以他還是寧願保留挪威的中立
地位，而不願採取任何節外生枝的軍事行動。

1939 年 11 月，蘇芬戰爭爆發。北歐的戰略地位受到交
戰各國的高度重視。德國海軍總司令雷德爾獲悉盟軍要在挪
威登陸的情報，感到北歐形勢危急，遂將情報報告希特勒，
並提出「必須占領挪威」的建議。

這樣，挪威就在德國的全部戰略中提高到重要地位，這
也就為奎斯林尋求德國的支持提供了相當重要的條件。同年
12 月，奎斯林來到柏林，很快就與羅森堡和雷德爾會晤。

奎斯林對羅森堡和雷德爾聲言，挪威政府內存在親英反
德的勢力，挪威政府與英國已達成一項祕密協議，準備允許
英國使用挪威的海岸作為軍事基地，這會為德國帶來很大的
危險。奎斯林建議由他的國家統一黨發動一場政變，推翻現
政府而成立以他為首的新政府。

奎斯林還說，他在挪威已經得到相當一批軍官的支持，
其中包括那維克港的駐軍司令孫德洛上校。

奎斯林斷言，只要有德國的支持，政變就一定能成功。
奎斯林提出，挪威可以「把必要的基地交由德國武裝部隊自

由處理」，並希望「能召集會議討論有關聯合行動和把部隊運到奧斯陸去等問題」。

奎斯林的計畫和對德國的殷勤「深深地打動了」雷德爾。雷德爾把奎斯林推薦給希特勒。

希特勒聽了雷德爾的介紹，對奎斯林也產生濃厚的興趣。

希特勒表示，他寧願看到挪威完全保持中立，斯堪地那維亞其他地區也是如此，因為他不願擴大戰場。但如果敵人準備擴大戰爭，他就要採取自衛行動，以對付這一威脅。他答應給奎斯林一筆資金，並保證會研議給予軍事援助的問題。

然而，英法方面卻不斷發出對挪威中立地位的威脅。

早在 1939 年 9 月 19 日，英國內閣通過了海軍大臣邱吉爾提出的方案：在挪威領海內布雷，從而切斷德國進口瑞典鐵礦砂的海上運輸線。

1940 年 1 月 6 日，英國政府照會挪威政府，宣稱英國艦隊將不允許德國商船利用挪威水域。這增加了希特勒對其北翼安全和戰略資源的擔心。

1 月 27 日，希特勒指示德軍統帥部，為必要時占領挪威擬訂一份全面的作戰計畫。為此，德軍最高統帥部專門成立了一個由陸、海、空三軍各派出一名代表組成的戰役準備工作參謀部，擬定了代號為「威悉演習」的挪威戰役計畫。

奎斯林

　　2月5日，英法在巴黎舉行最高軍事會議，決定以兩個英國師和一個法國分遣隊組成一支遠征軍，在挪威的那維克登陸，進而占領瑞典北部的耶利瓦勒鐵礦。

　　緊接著在2月16日發生的一起事件，最後堅定了希特勒占領挪威的決心。當天，一艘載有英國戰俘的德國軍艦「阿爾特馬克號」受到英國軍艦的追逐，逃到挪威水域避難，邱吉爾命令英艦闖入挪威水域，登上「阿爾特馬克號」，救出了戰俘。

　　而當時有兩艘挪威砲艇在場，沒有對英艦的入侵行為作出任何反應，只是事後挪威政府向英國提出了抗議。但希特勒認為挪威政府已甘當英國幫兇，這個抗議無非是故作姿態。

　　隨後奎斯林向希特勒報告說，英艦的行動是英、挪事先擬定好的計畫，使希特勒更加深信不疑。於是希特勒決心先下手為強，將挪威迅速占領。

　　他對德軍將領們說：「據報告說，英國準備在挪威登陸，我要趕在他們前面到達。英國占領挪威會成為一個戰略上的轉折點，他們會乘機進入波羅的海，而我們在那裡既無軍隊，又無沿海防禦工事……敵人會向柏林進軍，打斷我們兩條戰線上的脊梁。」

　　3月1日，希特勒發出實施「威悉演習」的正式絕密指令，要求德國三軍部隊做好占領挪威的全面準備；同時占領

丹麥，作為必要的跳板和運輸線的保障。

他在指令中強調指出：

保障我們在瑞典的鐵礦沙基地，並為我們的海軍和空軍提供進攻英國更為廣闊的出發線……以大膽行動和出奇制勝來彌補。

德軍「威悉演習」計畫，是以海、陸、空三軍聯合作戰的立體戰術，實施突然襲擊，從南到北在挪威的奧斯陸、克里斯丁、斯塔萬格、卑爾根、特隆赫姆、那維克六個主要港口登陸。

第一階段奪取港口和機場；第二階段向內陸進攻，全部占領挪威，並準備在第二階段對可能登陸的英法聯軍進行抗登陸和反擊作戰。

為迅速實現戰役目的，德軍統帥部調集了海軍的全部力量，空軍的 6 個航空兵師和 2 個空降兵師、陸軍第二十一集團軍的 5 個步兵師，由曾在北歐作戰過的第二十一集團軍司令福肯霍斯特上將任戰役總指揮。

鑑於英法海軍力量幾乎是德國海軍的 9 倍，德軍統帥部特別強調戰役發起的突然性，指出：「儘管敵人握有制海權，但如能充分發揮突然性，我軍是可以進入挪威的，認清這次戰役的重要性，將來水面兵力雖損失大半也不應吝惜。」

為了做到突然襲擊，德軍統帥部要求：

奎斯林

　　隱蔽展開兵力，採取偽裝措施，散布假情報造成準備在英國登陸的假象。除戰役總指揮福肯霍斯特上將外，各級指揮員盡可能晚一些了解自己的任務，以防洩密。

　　然而，英法仍在從容不迫地談論他們的計畫，就好像德國根本不會相信他們的威脅和暗示，或者德國還被蒙在鼓裡根本不知道他們的意圖一樣。

　　1940 年 3 月 28 日，英法在倫敦召開最高軍事會議，決定於 4 月 5 日在挪威海域實施布雷行動，並以部隊在那維克、特隆赫姆、卑爾根、斯塔萬格登陸，同時在萊茵河空投水雷，以阻止德軍向西推進。

　　但由於法國擔心德國報復，反對在萊茵河布雷。兩國在一番爭論後，將計畫推遲了 3 天，定在 4 月 8 日實施。

　　4 月初，德軍準備工作基本就緒。登陸部隊和各種艦隻集結在威悉河口，空軍也開始向德國北部各機場集中，並向英國的斯卡帕灣基地派出潛艇，1 艘袖珍戰列艦率領 1 隻小型艦隊到了大西洋，擺出一副要進攻英國的架勢。

　　4 月 2 日下午，希特勒在和空軍司令戈林、海軍司令雷德爾和登陸作戰總指揮福肯霍斯特舉行了長時間的會議後，發布了一道正式指令，命令「威悉演習」於 4 月 9 日晨 5 時 15 分開始。

　　4 月 6 日夜，由 1 艘袖珍戰列艦、2 艘重巡洋艦、7 艘輕巡洋艦、14 艘驅逐艦、28 艘潛艇和若干輔助艦艇組成的

德國登陸艦隊，搭載著首波登陸的 10,000 多名士兵，在夜幕掩護下悄悄起航，駛進了波羅的海。

4 月 7 日下午 13 時 25 分，英國海軍部接到偵察機發來的報告：「發現強大的德國艦隊正向北移動，穿越斯卡格拉克海峽，向挪威海岸進發。」

然而英國海軍部卻不相信這支德國艦隊是去挪威登陸的，懷疑其目標可能是英國。信心十足的英國主力艦隊於下午 19 時 30 分從斯卡帕灣基地起航，北上攔截德國艦隊，在北海海面展開戰鬥隊形，搜索德艦，以求一戰而全殲德國艦隊。

結果，龐大的英國艦隊一無所獲，他們未能在最有利的時機將警戒十分薄弱的德國登陸艦隊消滅在航渡中。德軍在毫髮未損的情況下，完成了最擔心的航渡。

4 月 9 日凌晨 4 時 20 分，德國駐哥本哈根使節向丹麥政府遞交了最後通牒，要求丹麥立即接受「德國的保護」，限定一個小時內答覆。

5 時 20 分，德國駐奧斯陸的使節又向挪威政府遞交了相同內容的最後通牒。

而此時德國艦隊已逼近挪威各主要港口，並已從海上和陸路向丹麥發起了進攻。丹麥人幾乎沒有抵抗，海軍一砲未發，陸軍只被打傷 20 人，4 個小時後便接受了德國的最後通牒。

奎斯林

　　然而挪威政府卻答覆說：「我們絕不屈服！」

　　5 時 50 分，德軍在挪威沿岸的各主要港口實施登陸，同時出動 800 架作戰飛機和 250 架運輸機，從空中壓向挪威。挪威軍隊還沒充分動員，倉促抵抗。

　　在那維克，當 10 艘德國驅逐艦迫近港灣時，港內 2 艘挪威古老的裝甲艦「艾得斯伏爾德號」和「挪奇號」向德艦發出信號，要它們說明身分。德軍派人乘汽艇向挪艦招降，但挪艦表示堅決抵抗。

　　德艦於是發起攻擊，2 艘挪艦先後被魚雷擊沉，300 名挪威水兵全部陣亡。至上午 8 時，那維克被德軍占領。

　　在特隆赫姆，守衛該港的挪威第五師師長遵從奎斯林的號令，未做任何抵抗便交出了這個良港。

　　在挪威第二大港口卑爾根，海岸砲臺向逼近的德艦開砲，重創德輕巡洋艦「葛尼斯堡號」和 1 艘輔助艦。但其他德艦上的士兵卻登陸並在中午前占領了該港。「葛尼斯堡號」當晚被英國轟炸機炸沉。

　　西南海岸的斯塔萬格和附近的蘇拉機場於中午落入了德軍之手，德軍由此獲得了在挪威的前線空軍基地，掌握了挪威南部和中部的制空權。

　　南部海岸的克里斯丁海岸砲臺雖然兩次擊退了由德輕巡洋艦「卡爾斯盧合號」率領的德國艦隊的進攻，但這些砲臺很快就被德國空軍炸毀，港口於下午 15 時左右陷落。「卡

爾斯盧合號」在當晚離開港口的時候，被英國潛艇用魚雷擊中，損傷嚴重，最終沉沒。

但是，德軍在進攻挪威首都奧斯陸時遇到了意外困難。在4月8日寒冷的夜裡，德國艦隊原計劃當夜抵達奧斯陸，德國大使館派人在碼頭上徹夜等候迎接，然而德國艦隊一直沒有到達。

他們在50公里長的奧斯陸峽灣入口的地方遭到了挪威布雷艦「奧拉夫·特里格佛遜號」的攔截，1艘德國魚雷艇被擊沉，輕巡洋艦「埃姆登號」被擊傷。

接著，在奧斯陸以南約15公里的地方，又遭岸砲轟擊和魚雷攻擊，德國艦隊旗艦——嶄新的「布呂歇爾號」重巡洋艦中彈起火，引爆艦上彈藥，船身碎裂，終於沉沒，損失1,600名官兵，艦隊司令奧斯卡·孔末茨海軍少將落水後被俘。德國艦隊遭此重創，被迫暫時撤退。

奧斯陸是被德國空降兵征服的，4月9日中午，約5個連的德國空降兵在奧斯陸附近的福納步機場著陸，在奎斯林的「第五縱隊」配合下占領了奧斯陸。挪威王室、政府和議會議員帶著20輛載著挪威銀行的黃金和3輛外交部祕密文件的卡車，撤到奧斯陸以北80公里的哈馬爾。

德國空軍上尉斯比勒率領2個連的德國傘兵進行追擊，遭到頑強抵抗，斯比勒也身受重傷，只好退回奧斯陸。

就在德軍登陸的同一天，即4月9日午後，英國主力艦

奎斯林

隊出現在卑爾根附近，德軍迅速出動大批轟炸機，炸沉英軍
1 艘驅逐艦，炸傷 1 艘戰列艦和 2 艘重巡洋艦。英國艦隊初
戰受挫，撤到謝德蘭群島地區。

此後，由於德軍掌握了挪威南部和中部的制空權，英軍
統帥部決定在挪威海南部水域只使用潛艇和飛機。當日晚
24 架英國轟炸機襲擊卑爾根，將已受重傷的德輕巡洋艦「葛
尼斯堡號」炸沉。

在挪威北部那維克，受飛機作戰半徑限制，德國艦隊和
登陸部隊得不到空中支援，遭到英國飛機的嚴重打擊。

4 月 10 日和 13 日，英國出動大批轟炸機襲擊那維克，
炸沉 10 艘德國驅逐艦。

4 月 14 日和 16 日，英法聯軍在挪威北部那維克和中部
特隆赫姆附近登陸。中部登陸的英法聯軍於 4 月 19 日向特
隆赫姆發起進攻，但因得不到空中支援，在德國飛機的狂轟
濫炸下遭到慘重損失，至 5 月 2 日退出挪威。

在那維克的爭奪戰中，英法聯軍得到艦隊和空軍的支
援，占有巨大的優勢。然而，這一地區的德國登陸部隊對英
法聯軍的阻擊戰卻進行得相當頑強，擊退了英法聯軍的多
次進攻。

充當賣國賊受到正義審判

納粹德國對挪威不宣而戰時，受到奎斯林派出人員的迎接。同時，德國駐挪威公使布羅伊爾向挪威政府遞交最後通牒，要求毫不反抗地接受「德國的保護」。雖然奎斯林無恥地引狼入室，但挪威政府和人民卻決心抵抗。

這些抵抗雖然效果不大，但使得在首都的挪威王室、政府、議會，以及 20 輛卡車的挪威銀行儲備黃金和 3 輛卡車的外交部機密文件得以安全轉移，挫敗了希特勒企圖截獲國王、政府和黃金的計畫。

4 月 9 日晚，挪威首都奧斯陸淪陷。奎斯林透過電臺發表公告，宣布挪威前政府已被推翻，由他本人任首相的政府已成立，宣布抵抗德軍是應予處死的犯罪行為，取消前政府頒發的總動員令。

奎斯林的無恥賣國行為激起挪威人民無比的憤慨，人民由最初的懼怕轉變為英勇的抵抗。挪威國王和議會也堅決不承認奎斯林的所謂政府。

4 月 10 日，德國駐挪威公使趕到北方，會見挪威國王哈康七世，要求國王批准奎斯林政府並返回奧斯陸。國王斷然拒絕公使的要求。

4 月 11 日，奎斯林派出密使到北部勸說國王返回首都，

奎斯林

也遭強硬拒絕。

奎斯林引狼入室，惡名遠颺，遭到挪威人的唾棄。德國人也感到奎斯林在挪威的名聲太臭，於他們的利益不利，決意將他拋棄。

4月15日，離奎斯林自封為首相僅6天，德國人就另行組織在德國占領當局控制下的由6人組成的行政委員會，負責處理外交和國防以外的行政事務。但是奎斯林極力鑽營，得以在行政委員會中留任復員專員，實際上負責瓦解挪威人民抵抗運動的軍事力量。

4月24日，約瑟夫·特博文奉命出任德國駐挪威專員，成為挪威的實際統治者。9月25日，奎斯林的支持者組成的臨時內閣代替行政委員會。

1942年2月，奎斯林重新出任挪威首相，組成完全由奎斯林分子組成的傀儡政府。奎斯林當政期間，對外迎合納粹德國，為占領挪威的德軍服務；對內推行納粹化政策，鎮壓人民的愛國抗德活動。

奎斯林把大量的挪威青年送往德軍前線充當砲灰。奎斯林宣布國家統一黨為挪威唯一「合法」的政黨，解散其他一切政黨和黨派組織。奎斯林仿效納粹成立國家統一黨黨衛軍，肆意使用暴力，毆打和鎮壓反對派。奎斯林嚴格限制人民的自由，甚至規定在挪威沿海各地，除國家統一黨黨員外的挪威居民都不得私自擁有收音機。

　　奎斯林不僅嚴格控制挪威的各級國家機關，而且企圖把教會、工會、學校、青年組織乃至體育團體都控制住，納入法西斯軌道。

　　奎斯林的醜惡表演激起挪威人民的強烈反對，規模宏大的抵抗運動在挪威各地展開。奎斯林對此進行了嚴厲的鎮壓，逮捕並監禁大批的愛國人士。

　　賣國賊和獨裁者終究沒有好下場。1945 年 5 月，隨著德國的戰敗，奎斯林在挪威的統治土崩瓦解，奎斯林本人也被捕。

　　1945 年 8 月至 9 月，挪威法庭對奎斯林進行審判，判決他犯有叛國、煽動叛亂和殘殺愛國人士等嚴重罪行，處以死刑，於 10 月 24 日執行。

汪精衛

汪精衛

抗戰爆發鼓吹「亡國」論調

汪精衛，名兆銘，字季新，生於廣東三水。汪精衛是他的筆名。

1903 年，汪精衛考取官費赴日本留學。1905 年參與組建同盟會，一度主編《民報》。

1905 年至 1906 年，他發表一系列文章，宣傳革命主張，抨擊清政府和改良派。他文思敏捷，又富演講天分，深得孫中山重用。

1910 年 3 月，為激勵革命志士，汪精衛等謀炸清攝政王載灃，事洩被捕，被判處終身監禁。

在獄中，他寫下「慷慨歌燕市，從容做楚囚；引刀成一快，不負少年頭」等句一時傳誦，深得熱血青年共鳴。

1911 年 10 月武昌起義後，汪精衛出獄。他與楊度組織「國事共濟會」，呼籲停戰議和；12 月，充當南方議和參贊，參與南北和談，主張孫中山讓權，推舉袁世凱為臨時大總統。

此後，他到法國留學。回國後，於 1919 年在孫中山領導下，駐上海創辦《建設》雜誌。

1921 年，孫中山在廣州就任非常大總統，汪精衛任廣東省教育會會長、廣東政府顧問，次年任總參議。

1922 年至 1923 年，孫中山籌備改組中國國民黨，汪精衛反對共產黨員加入國民黨。

1924 年 1 月，中國國民黨第一次全國代表大會召開，汪精衛被選為中央執行委員兼宣傳部長。

1925 年 3 月，孫中山病危，汪精衛代為起草遺囑。孫中山病逝後，廣東政府於 1925 年 7 月改組，汪精衛被選為國民政府常務委員會主席兼軍事委員會主席。蔣介石發動「四一二」政變後，汪精衛也於 7 月 15 日發動政變，殘殺共產黨人。

1930 年，汪精衛聯合馮玉祥、閻錫山、李宗仁共同反蔣。失敗後，逃往香港。

1931 年，汪精衛糾合各派反蔣勢力，在廣東另立國民政府，與南京國民政府對峙。「九一八」事變後，再次與蔣介石合作。

1937 年 7 月抗日戰爭爆發，汪精衛任國防最高會議副主席、國民黨副總裁，地位僅次於蔣介石。

此時，人們對戰局的形勢有三種看法：

亡國論：認為中日戰爭的結果將導致中國亡國；最後勝利論：中日戰爭成為持久戰後，最終將引發外國的武裝干涉介入，中國在外國的幫助下最終戰勝日本；和平救國論：中日戰爭成為曠日持久的消耗戰後，日本也難於忍受長期的消耗戰，所以日本不能滅亡中國，不得不與中國進行停戰和

汪精衛

談。而中國也應該積極響應和談，盡快結束在中國土地上進行的破壞性巨大的戰爭，減少中國國力的損失。

這一系列的變化正好與汪精衛等人的「和平救國」論不謀而合，國民黨內在「是戰還是和」的問題上，發生了重大分裂。但由於「主戰」和正義連繫在一起，「主和」不免被戴上投降叛國的漢奸帽子，所以國民政府內「主戰」派還是占絕對多數。在此情況下，汪精衛等「主和派」開始了自己獨自的「和平工作」，日後漢奸政府的班底在此時基本形成。周佛海在南京溪流灣 8 號的別墅有間地下室，全面抗戰爆發後，一些國民政府要員常來這裡躲空襲，其中包括顧祝同、熊式輝、梅思平、陶希聖、胡適、高宗武等人。

他們將人民的抗戰呼聲一概斥為「唱高調」，鼓吹「我們能打勝仗是意外的，而打敗仗是必然的事」。

他們認為應該停止與日軍對抗，和日本人「互相抱頭痛哭，徹底懺悔和覺悟」，實現中日「和平」與「合作」。

胡適為這個小集團取名「低調俱樂部」。

周佛海在《回憶與前瞻》裡說，當「抗戰到底」的調子高唱入雲的時候，誰也不敢唱和平的低調，故我們主張「和平」的這一個小集團，便名為「低調俱樂部」。「低調俱樂部」的主張與汪精衛不謀而合。當時日本年鋼產量近一千萬噸，中國只不過十多萬噸，汪精衛等人被日本暫時強大的表面現象所嚇倒。

　　此時，汪精衛的「求和」願望越來越強烈。1937 年 10月，李宗仁拜訪汪精衛時，汪精衛一再問李宗仁：「你看這個仗能打下去嗎？」在說的時候，他搖頭嘆息，態度很是消極。

　　同時，汪精衛還不斷向蔣介石施加壓力，寫了十多封信給蔣，大談處理對日關係的「和平」思路，妄圖阻止抗戰。儘管周佛海與汪精衛不和已久，曾互相罵對方「不是東西」，都發過誓不再與之共事，但共同的政治主張將他們推到了一起。汪精衛雖不直接參加「低調俱樂部」的活動，卻是這個組織的靈魂，周佛海也成了汪精衛的心腹。

汪精衛

祕密媾和出賣領土主權

1937 年 11 月 5 日，德國駐華大使陶德曼向中國方面透露了日本講和的條件：

內蒙古成立自治政府；華北非武裝區域擴大，主權歸南京政府，治安由中國警察管理；上海非武裝區域擴大，治安由國際警察管理；中國停止反日排日活動；共同反共；減低日貨關稅；尊重外國人在華的權利。

12 月 3 日，汪精衛在漢口民眾團體代表會議上演講時，對德國大使陶德曼的調停公開表示歡迎。他說：「如開始講和，不可失此機會。」12 月 5 日，汪精衛接受《新聞報》記者採訪時說：「若日本真願意要求和平，提出了可接受條件，則中國也可考慮從事停戰。」

次日，汪精衛在漢口主持召開國防最高會議常委會，討論日方停戰條件。會議通過了接受日本停戰條件的決議，委派孔祥熙向蔣介石匯報，做最後決定。

但日本的侵略野心並未因為汪精衛的「誠意求和」有所收斂。12 月 13 日日軍攻占南京後，以為中國的抵抗已到窮途末路，於 12 月 22 日又增加了三項苛刻的條件：一是在華北、內蒙古、華中的非武裝地帶設立特殊機構，即親日政權；二是承認「滿洲國」；三是中國向日本賠償戰費。

中國政府拒絕了日方的條件，並發表了強硬態度的聲明。1938 年 1 月 18 日，中國撤回駐日大使，兩國外交關係正式斷絕，陶德曼的調停以失敗告終。

1938 年年初，蔣介石以加強軍事為由，提出國民黨中設立國防最高會議為全國最高決策機關，取代以前的最高決策機關中政會。

《國防最高會議組織條例》規定：國防最高會議主席由軍委會委員長擔任，副主席由中政會主席擔任，蔣介石是軍委會委員長，汪精衛是中政會主席，所以蔣介石自然出任主席，汪精衛出任副主席。

1938 年 3 月，在武漢召開的國民黨臨時全國代表大會上，又修改黨章重新確立國民黨的領導體制，規定國民黨設總裁一人，副總裁一人，大會選舉蔣介石為總裁，汪精衛為副總裁。

這樣，蔣介石藉戰爭的理由，名正言順地奪取了汪精衛長期在黨內的最高領袖地位。

陶德曼調停失敗後，汪精衛意識到國民政府已沒有對日媾和的可能，於是決定「暗中努力」，以便在適當時機「接洽停戰」。

在汪精衛、周佛海的推動下，蔣介石派外交部亞洲司司長高宗武從武漢去香港，與日本政府取得聯繫。由於此時日本誘降的對象已從蔣介石轉為汪精衛，高宗武此行，實際是

汪精衛

為汪精衛日後的叛變開闢了道路。

廣州淪陷後，武漢的汪精衛等人更放肆地公開討論「和平」。汪精衛鼓吹說，「和平」只需要看條件，條件如果有利於中國，為什麼不可以接受日本的「和平」呢？

當時，汪精衛以國防最高會議副主席、中國國民黨副總裁的身分，大放屈膝求和之詞。

7月22日下午17時，汪精衛在武漢的寓所裡，見到了匆匆而來的周佛海。周佛海是專為高宗武一事來與汪精衛商量對策的。

一個月前，正在香港的高宗武與周隆庠化裝成日本人，先坐出租汽車到達日本總領事館，然後換乘領事館汽車，由領事館派專人護送上一艘日本輪船，以此避開海關檢查，順利離開香港前往日本。

早年畢業於日本東京帝國大學的高宗武，時任中華民國外交部亞洲司司長，陪他而去的周隆庠是亞洲司日蘇科科長。周隆庠在新中國成立後寫文章詳細回憶了當天的過程。

早在1938年2月，經蔣介石批准，高宗武與周隆庠就到達香港，設立了一個名為「日本問題研究所」的情報機構，對外則稱「宗記洋行」。在此前，高宗武曾派日本科長董道寧到上海，暗中與日方人士聯絡。董道寧在日本人的幫助下，祕密去了日本，會見了日本參謀本部中國課兼謀略課長影佐禎昭。

4月2日，高宗武與董道寧一同返回武漢。第二天，高宗武即向時任中央宣傳部副部長、代理部長的周佛海報告他在香港的「接洽情況」，然後由周佛海報告給汪精衛。4月14日，高宗武負「祕密使命」再次飛往香港。

5月30日，高宗武返回漢口，向蔣介石、汪精衛、周佛海等報告與日本交涉的情況。蔣介石仍命高宗武返香港，繼續探聽日本情況。

急於開展「和平運動」的汪精衛和周佛海，卻希望利用高宗武再次去香港的機會，要他直接去東京，探聽日本政府對實現中日「和平」的條件。因為不經過蔣介石，高宗武有些猶豫。周佛海當時告訴高宗武等人，等他們乘上去日本的輪船後，他會向蔣介石報告，此事由他負責。

武漢國民政府舊址與以往幾次的祕密出行相比，高宗武此次屬擅自赴日，蔣介石並不知情。高宗武由日本返回香港後，因為害怕而遲遲不敢回漢口。周佛海很快聽說高宗武已到香港，因不知底細而十分焦急。

1938年7月19日，周佛海在日記中寫道：「聞宗武返港數日，迄無消息，布雷兄亦無所聞，為之焦慮。」

高宗武此次日本之行，先後會見了影佐禎昭、參謀次長多田駿、陸軍大臣板垣征四郎及陸軍省中國課課長今井武夫等人。

他們之間達成了兩項協議：

汪精衛

第一，接受日本提出的「和平」條件——承認「滿洲國」，日本在蒙疆有駐兵權，中國參加防共協定和日本優先開發華北資源等；第二，決定要汪精衛「出馬」。

第二點是高宗武先提出來的。他說：「汪精衛早已痛感有迅速解決日中問題的必要，稱道『和平論』，而國民政府內部終究不能容納他的主張。」「為促使今後日華間的和平，必須尋找蔣介石以外的人。但是，除汪精衛以外，難以找到其他人。」

直至 7 月 22 日下午，周隆庠才拿著高宗武的報告到達漢口，周佛海看到報告後，立即找陶希聖到寓所，決定先將報告送至汪精衛，商談對策。

周佛海之所以在拿到報告的第一時間便急著見汪精衛，究其原因，是因高宗武的報告中寫有日本「希望汪先生出馬」的字句。周佛海擔心這句話會引起蔣介石不快，所以先來徵求汪精衛意見。汪精衛看過後卻並沒有像周佛海那樣緊張，反而安慰周佛海「沒有關係」。

當天，高宗武的報告連同他寫給蔣介石的親筆信，透過機要祕書陳布雷，送交至蔣介石手裡。

信中說：

委員長鈞鑒：職於 6 月 23 日由香港祕密東渡，刻已平安返港。茲謹將職東渡日記及在東京會談紀錄與職個人觀感

三項，分別呈閱。倘有可能以供鈞座參考之處，則或可贖職擅赴之罪於萬一。

蔣介石並不知道汪精衛此前其實已看過這份報告，邀其與張群在三天之後共同商討。由於信中有日本政府「希望汪先生出馬」的字句，蔣介石見信後「怒氣滿面」，表示今後與高宗武斷絕關係，並下令停發高宗武的活動經費。

但周佛海卻照舊每月從宣傳部的經費中，撥 3,000 元支持高宗武在香港繼續與日本保持聯繫。

汪精衛

出逃河內發表投敵「豔電」

1938 年 7 月 22 日夜，剛剛看完高宗武的報告，明確知道日本人「鎖定」自己的汪精衛得到了另一個消息：日軍攻占九江的第一線部隊波田支隊，趁夜色在湖口乘船，在海軍掩護下逆流而上，在當天半夜到達離九江 22 公里的登陸地姑塘。與中國軍隊激烈交戰之後，日軍突破廬山北面數道陣地，九江城淪陷在即。

此時的汪精衛面對的是這樣一種局面：一方面日軍在武漢外圍的戰役中節節推進，距離武漢的腳步越來越近，本來就對中國人的抗戰能力持懷疑態度的汪精衛內心一片灰暗。

另一方面，日本又透過另一種管道傳遞出某種「誘人」訊息：10 天以前，日本五大臣會議正式批准「建立一個新的中國政府」的建議，決定立即著手「起用中國第一流人物」。剛剛與周佛海商量完的這份高宗武的報告更是將這個意圖直接點破。

「主戰有主戰的道理，不過，主戰的目的是什麼呢？為的是國家能夠獨立生存下去。如果能達此目的，與日本言和也不失為一種手段。一味主張焦土抗戰的、唱高調的應該再坦誠一點，要說老實話。依我看來，日軍占領區日益擴大，重要海港和交通路線大多喪失，財政又日益匱乏，在戰禍中

喘息著的四億國民，沉淪於水深火熱的苦難之中。為盡早結束戰爭，我曾多次向蔣委員長進言，要打開談判的大門。」

當蔣介石邀其討論高宗武報告時，汪精衛仍極力主張由蔣介石出面與日本謀和。但位於權力中心的蔣介石最後做出了相反的決定，汪精衛終於明白：透過黨內決議方式，是不能實現他的「和平」主張的。

回到香港後的高宗武因肺病復發，與日方接洽的任務由他的溫州同鄉、國民黨中央法制委員會委員梅思平接手。日本方面的聯繫人是時任同盟通訊社上海分社兼華南分社社長的松本重治。從 8 月 29 日開始到 9 月初，梅思平與松本連續進行了五次會談。

1938 年 10 月，戰事上頻傳著壞消息，廣州和武漢相繼淪陷。汪精衛利用接受外國媒體採訪的機會，多次暗示國民政府沒有關閉調停之門，願意與日議和。而這時日方也已經透過汪精衛的親信梅思平再次向他轉達了希望他出山的意見。

11 月 26 日上午，梅思平由香港飛往重慶向汪精衛匯報，在香港機場，為躲避檢查，梅思平將協議抄錄在絲綢上，縫在西裝馬甲裡帶回面交汪精衛。汪精衛隨即召集周佛海、陶希聖、陳璧君等人商討。

正如梅思平所說：「這件事也實在犯難，搞好了呢，當然對國家有益；搞不好呢，汪先生 30 多年來的光榮歷史只

汪精衛

怕讓人一筆勾銷。」

陳公博也從成都打來電報，勸告汪精衛說：「先生若離重慶將遭到全國民眾的反對和唾棄。」

當時從重慶到國外主要有兩條路線：一條是由重慶赴香港，這很便捷，但以汪精衛身分顯赫，不可能無故公開乘機去香港，所以選擇此路有很大的風險；另一條是經昆明赴河內，這比較穩妥，但必須首先徵得「雲南王」龍雲的同意。

龍雲屬地方實力派，抗日戰爭開始後，他出兵參加抗日，但當國民黨政府和軍隊退到西南後，龍雲深感雲南有被吃掉的危險，與蔣介石的矛盾也日漸加深。

陳璧君兩次到過雲南，多次與龍雲進行長時間談話。當陳璧君說汪精衛「在重慶徒有虛名」、「很想換換環境」時，龍雲也當即表態：「汪先生如果來昆明，我很歡迎，如果願意由此出國，我也負責護送，一切絕無問題。」

摸清了龍雲的態度，汪精衛一行人最終決定「借路」昆明。

因擔心成群結夥走目標太大，12 月 5 日，周佛海以視察宣傳工作為名，去了昆明，陶希聖也以講學為名尾隨而去。

汪精衛原定以去成都、昆明作抗戰演講為名，12 月 8 日從重慶動身，在昆明與周佛海等會合，此前汪氏夫婦也將正在重慶南渝中學讀書的兩個幼子帶去昆明，然後轉飛河內

去香港。但 12 月 6 日，蔣介石突然到了重慶，這是武漢失守後蔣第一次入川。

直至 12 月 18 日，蔣介石要到行營作特別演講，汪精衛可以不參加，於是他決定在這一天出走。

12 月 19 日，汪精衛走上了一條萬劫不復的背叛道路。他逃離重慶，途經雲南，轉道河內。1940 年，在日本人的扶植下，57 歲的汪精衛在南京成立了漢奸政府。

汪精衛為了替自己的賣國行徑做掩飾，在 1938 年 12 月 29 日叛國投敵時給國人的「豔電」中，做了一番表演，電報如下：

重慶中央黨部、蔣總統，暨中央執監委員諸同志鈞鑒：

今年 4 月，臨時全國代表大會宣言，說明此次抗戰之原因，曰：「自塘沽協定以來，吾人所以忍辱負重與倭國周旋，無非欲停止軍事行動，採用和平方法，先謀北方各省之保全，再進而謀東北四省問題之合理解決，在政治上以保持主權及行政之完整為最低限度，在經濟上以互惠平等為合作原則。」

自去年 7 月盧溝橋事變突發，中國認為此種希望不能實現，始迫而出於抗戰。頃讀倭國政府本月 22 日關於調整中日邦交根本方針的闡明：

汪精衛

第一點，為善鄰友好。

並鄭重聲明倭國對於中國無領土之要求，無賠償軍費之要求，倭國不但尊重中國之主權，且將仿明治維新前例，以允許內地營業之自由為條件，交還租界，廢除治外法權，俾中國能完成其獨立。

倭國政府既有此鄭重聲明，則吾人依於和平方法，不但北方各省可以保全，即抗戰以來淪陷各地亦可收復，而主權及行政之獨立完整，亦得以保持，如此則吾人遵照宣言謀東北 4 省問題之合理解決，實為應有之決心與步驟。

第二點，為共同防共。

前此數年，倭國政府屢曾提議，吾人顧慮以此之故，干涉及吾國之軍事及內政。今倭國政府既已闡明，當以日德義防共協定之精神締結中日防共協定，則此種顧慮，可以消除。防共目的在防止共產國際之擾亂與陰謀，對蘇邦交不生影響。中國共產黨人既聲明願為三民主義之實現而奮鬥，則應即徹底拋棄其組織及宣傳，並取消其邊區政府及軍隊之特殊組織，完全遵守中華民國之法律制度。三民主義為中華民國之最高原則，一切違背此最高原則之組織與宣傳，吾人必自動的積極地加以制裁，以盡其維護中華民國之責任。

第三點，為經濟提攜。

　　此亦數年以來，倭國政府屢曾提議者，吾人以政治糾紛尚未解決，則經濟提攜無從說起。今者倭國政府既已鄭重闡明尊重中國之主權及行政之獨立完整，並闡明非欲在中國實行經濟上之獨占，亦非欲要求中國限制第三國之利益，唯欲按照中日平等之原則，以謀經濟提攜之實現，則對此主張應在原則上予以贊同，並應本此原則，以商訂各種具體方案。

　　以上三點，兆銘經熟慮之後，以為國民政府應即以此為根據，與倭國政府交換誠意，以期恢復和平。倭國政府 11 月 3 日之聲明，已改變 1 月 16 日聲明之態度，如國民政府根據以上三點，為和平之談判，則交涉之途徑已開。中國抗戰之目的，在求國家之生存獨立，抗戰年餘，創巨痛深，倘猶能以合於正義之和平而結束戰事，則國家之生存獨立可保，即抗戰之目的已達到。以上三點，為和平之原則，至其條例，不可不悉心商榷，求其適當。其尤要者，倭國軍隊全部由中國撤去，必須普遍而迅速，所謂在防共協定期間內，在特定地點允許駐兵，至多以內蒙附近之地點為限，此為中國主權及行政之獨立完整所關，必須如此，中國始能努力於戰後之休養，努力於現代國家之建設。

　　中日兩國壤地相接，善鄰友好有其自然與必要，歷年以來，所以背道而馳，不可不深求其故，而各自明了其責任。

汪精衛

今後中國固應以善鄰友好為教育方針，倭國尤應令其國民放棄其侵華侮華之傳統思想，而在教育上確立親華之方針，以奠定兩國永久和平之基礎，此為吾人對於東亞幸福應有之努力。同時吾人對於太平之安寧秩序及世界之和平保障，亦必須與關係各國一致努力，以維持增進其友誼及共同利益也。

謹引提議，伏祈採納！

汪兆銘，豔。

汪精衛在這份電報中花言巧語，把他賣身投靠日本帝國主義的罪惡行徑，說成是為了「以合於正義之和平而結束戰事，則國家之生存獨立可保」、「始能努力於戰後之休養，努力於現代國家之建設」；把欠下中國人民累累血債的日本的野蠻侵略說成是為了「善鄰友好」、「經濟提攜」，並以「共同防共」為誘餌拉攏尚未投降的其他國民黨勢力。

但是，侵略就是侵略，賣國就是賣國，汪精衛的這番徒勞表演，絲毫欺騙不了中國人民。

《南華日報》在頭版以通欄標題，刊登了汪精衛的所謂「豔電」。

汪精衛出逃河內的消息，很快傳遍全國，引起了全國民眾的一片聲討。

中國共產黨指出，國民黨主戰派與主和派開始分裂，汪精衛的骨頭是最軟的，他身上充滿了奴顏和媚骨，沒有絲毫

的民族氣節，號召全國人民開展「討汪運動」。

在香港的國民黨元老何香凝發表文章，譴責汪精衛認敵為友、連做人的良心都已喪失。

1939 年的元旦到了，山城重慶沒有一點喜慶的氣氛。這天上午，國民黨召開臨時中常會，蔣介石、林森、張繼、吳稚暉等國民黨中常委出席了會議。會議一致通過決議：將汪精衛永遠開除出國民黨，撤銷汪精衛的所兼各職。

就在這之後沒多久，蔣介石派陳布雷和外交部長王寵惠前往河內，找到汪、陳。王帶去了蔣介石的口信：只要汪精衛斷絕與日本人的聯繫，一切都好說，可以暫時先到國外休息一段時間，將來復職沒有問題。這些，遭到了汪精衛的拒絕。

令汪精衛沒想到的是，日本近衛內閣宣布辭職，這使他陷入十分被動的境地。

另外，龍雲變心，沒有按照當初的承諾發表對汪精衛「和平運動」的響應，迎接汪精衛在雲南建立「新政府」，也使汪精衛十分沮喪。汪精衛本來並沒有考慮在日軍占領區建立政府，所以龍雲的變心使汪精衛設想的「和平運動」完全泡了湯。

汪精衛

僥倖逃命組閣漢奸政府

1939 年元旦，汪精衛被開除黨籍，並撤銷一切職務的同時，蔣介石要求搶在汪精衛離開河內到南京籌組偽政府之前將其殺掉。

軍統局局長戴笠奉蔣介石之命，馬上行動。儘管軍統在暗殺方面輕車熟路，但對這次在國境以外組織暗殺沒有太大把握。為此，戴笠派軍統特務陳恭澍等人飛往河內，並任命陳為行動組組長。

戴笠帶親信祕書毛萬里在香港建立了調度指揮中心，晝夜堅守。而且在派陳恭澍前往河內的同時，戴笠還曾瞞著他祕密到河內安排。

陳恭澍是軍統天津站站長，此人思維縝密，策劃過槍殺張敬堯、綁架吉鴻昌等一系列行動。組員王魯翹，曾任戴笠貼身警衛，是一名職業殺手。組員余樂醒，是軍統元老，對特工技術極有研究，而且能講法語，赴河內十分適合。此外，岑家焯、魏春風、余鑑聲、張逢義、唐英杰、鄭邦國、陳布雲等人都是殺人不眨眼的老牌特務。他們共 18 人，被稱為「十八羅漢」。

陳恭澍親自偵察，了解到汪精衛住在河內的一個高級住宅區 —— 高朗街 27 號。這是一棟三層西式樓房，後門的道

路複雜，巷道縱橫，對暗殺後撤離十分有利。

在軍統磨刀霍霍的同時，汪精衛卻有些孤獨和失落。

1939 年 1 月 4 日，日本近衛內閣辭職，繼任的首相平沼騏一郎對「和平運動」不感興趣，這讓汪精衛感到從未有過的惆悵和迷惘。他每天躲在房間裡，從不外出。

他後來寫道：

脫離了重慶，在河內過的這孤獨的正月，在我的一生，是不能忘卻的。

當年河內是法國人的天下，汪精衛的侍衛連槍都不能帶。

陳恭澍等人在河內一直在做著準備，但戴笠告訴他們：沒有蔣介石的「制裁令」，不可輕舉妄動。因為蔣對汪精衛還抱有一絲希望，期望有一天汪會「幡然悔悟」。

為此，蔣介石派原改組派成員谷正鼎赴河內，對汪精衛進行遊說。汪精衛對蔣介石本來就沒有抱什麼希望，斷然拒絕了蔣介石希望他回去的請求。谷正鼎無功而返。

谷正鼎一走，汪精衛就對陳璧君、曾仲鳴說：「我們今日以後，要小心點，他（蔣介石）要消滅我們三個人。」

1939 年 1 月 16 日，在香港的梅思平在路上被數人襲擊打傷頭部；1 月 17 日，親汪精衛的香港《南華日報》社長林柏生在回家途中被兩個大漢用斧頭砍傷頭部，幸虧一個外國船員發現出面制止，林柏生才免一死；1 月 18 日，在澳門的汪精衛外甥沈次高被人開槍打死；1 月 28 日，突然有

汪精衛

十多個身分不明的人從汪精衛住的山下向上攀登，汪精衛得報後緊急下山。

此後汪精衛搬入人口稠密的河內市高朗街 27 號居住，並向法國殖民當局申請保護，但法國殖民當局只是派一個警察在門外象徵性地站崗。

3 月 19 日，根據蔣介石的指示，戴笠從重慶給河內的陳恭澍發去急電：「立即對汪精衛予以嚴厲制裁。」

陳恭澍立即投入到緊張的策畫中。

3 月 20 日上午 9 時，陳恭澍正在研究行動方案，突然接到報告，說汪精衛全家打點行裝，似乎要外出。陳恭澍決定攜帶上武器駕車追趕。

汪精衛一行出門後，乘坐兩輛轎車，向紅河大橋方向開去。由於天氣晴朗，陳恭澍等人看到兩輛車上坐著九至十人，除了汪精衛、陳璧君和曾仲鳴外，其餘的人都不認識。

汪精衛一行發現有人跟蹤，加快了車速。軍統特務們緊緊尾隨，在一個商業區的十字路口，由於遇到紅燈，塞車嚴重，汪精衛一行趁機擺脫了跟蹤。

3 月 21 日下午 16 時，在現場監視的特務魏春風報告說，汪精衛和陳璧君在門外的草坪上說話，好像在爭吵。陳恭澍立即帶兩名特務趕往高朗街。等到了汪精衛寓所外邊，發現草坪上空無一人。

錯過兩次刺殺汪精衛的機會，陳恭澍很懊惱，決定當夜

發起一次突擊性強攻。21 日夜 23 時 40 分，陳恭澍駕車帶著六人出發，在接近汪精衛寓所的一個巷道，兩名越籍警探攔住了他們。陳恭澍把口袋裡的 4,500 元錢全部掏出，警探終於放行。

到了高朗街 27 號後門，陳恭澍對行動做了分工：自己留守車上，張逢義和陳布雲留在外邊放哨，王魯翹、余鑑聲、鄭邦國、唐英杰越牆而入。鄭邦國以利斧劈開樓房前面的門，隨後四人飛身上樓。

汪精衛宅的人被驚動了，廚師何兆開門張望，鄭邦國抬手就是兩槍，傷及何兆左腳，並吼道：「誰再出來，老子的槍不認人！」

特務堵住侍衛居住的房門，對他們說：「不許動，誰動就打死誰！」汪精衛的侍衛們出境後不准帶武器，所以不敢輕舉妄動。

特務王魯翹衝上三樓，對著汪精衛居住的北屋撞了幾下，卻怎麼也撞不開。顯然，屋裡有人，門被反鎖了。根據陳恭澍的回憶，王魯翹接過唐英杰帶來的利斧，將房門劈了個洞，但門沒打開。

屋裡的檯燈還亮著，王魯翹發現屋裡有一男一女，便對準床下的男子開槍，三發子彈均擊中此人腰背，但無法進入房間以驗明正身。隨後，王魯翹招呼特務們撤離。

然而被刺的不是汪精衛，而是汪精衛的祕書曾仲鳴。昏

汪精衛

暗的燈光下，曾仲鳴夫婦倒在血泊裡。何文杰（汪精衛大女婿）嚇得不知所措，要汪文惺（汪精衛大女兒）趕快打電話報警。

十多分鐘後，法國警察趕到。隨後，救護車將曾仲鳴夫婦送到醫院急救。

曾仲鳴被送到醫院後，傷勢非常嚴重，但他神志尚清醒。他知道自己快不行了，讓人趕快拿來支票，一張張在上面簽名。汪精衛從重慶隨身攜來的現金，都是以曾仲鳴的名義存在銀行，如果沒有曾仲鳴的簽名，這些錢將很難從銀行取出來。

曾仲鳴簽完名後，便昏迷不醒，經醫生全力搶救，仍回天乏術，死在手術臺上。曾仲鳴夫人方君璧右胸中了一槍，另兩槍一槍在臂，一槍在腿，在醫生的救護下，保住了性命。

當時，在福特車裡的陳恭澍極為緊張，不知道行動是否成功。見王魯翹出來，也來不及等其餘人上車，便駕車飛馳而去。不久，唐英杰和陳布雲也先後回來了，但其餘三人被河內警方逮捕。

凌晨 4 時 50 分，軍統的內線傳來情報，說汪精衛安然無恙，打死的是曾仲鳴。陳恭澍一下子從頭涼到了腳。

此時，戴笠命令陳恭澍立即返回重慶。陳恭澍離開河內後，在河內的軍統特務繼續尋機刺汪。大特務余樂醒想了一

個辦法,將一種毒藥放在一個小罐內,其中散發出來的氣體可以置人於死地。

他費了很大勁,將小罐放入汪精衛的浴室裡,但仍未能傷及已提高了警惕的汪精衛。另一個大特務曹師昂,曾和法籍妻子打扮成記者模樣去汪精衛宅探路,準備日後下手,但都未成功。

對於刺汪行動失敗,軍統方面後來總結原因,均認為根本癥結是情報不準確,誤將曾仲鳴居住的房間當成汪精衛的房間。實際上,因為汪精衛為人狡猾,行動詭祕,白天多在北房起居會客,夜晚去別的房間睡覺。刺汪行動組誤以為北面大間為汪精衛的臥室。

陳恭澍回到重慶後,戴笠始終不見他,即使兩人進入防空洞中,也視而不見。

兩個月後,戴笠才召見陳,任命他為軍統局代理第三處處長,到上海去主持工作。因為在上海,軍統在與汪偽「76號」漢奸特務的較量中節節敗退,戴笠希望他去力挽狂瀾。

戴笠還說,到上海後,要繼續對汪精衛實施「制裁」。

河內槍聲宣告了蔣介石、汪精衛的徹底決裂。汪精衛決心死心塌地投靠日本。

河內的冬天非常溫暖,紅花綠草,到處是一派生機盎然的春天景象。

體弱多病的汪精衛從寒冷的重慶來到這裡,呼吸著溼潤

汪精衛

新鮮的空氣,感覺良好,緊張的心情鬆弛下來。可他在這裡沒住上幾天,壞消息就接踵而至。先是舉國上下口誅筆伐,一致聲討他叛國投敵;接著傳來日本國內因各種矛盾激化,首相近衛突然辭職的消息。

加之繼任首相平沼騏一郎對近衛策劃的「汪日和平行動」不感興趣,主張用戰爭解決問題。這樣一來,汪精衛便在河內被冷落下來。

當初痛下決心,準備脫離蔣介石幹一番轟轟烈烈的事業,哪怕是背上「漢奸」罪名也在所不惜,而如今卻成為被扔在路邊的一隻破鞋,無人理睬。汪精衛十分著急和痛苦,再也無意欣賞周圍的美麗景色,吃不好,睡不安。

從此,汪精衛永遠失去了在中國政壇上東山再起的機會,失去了在國民黨內與蔣介石抗衡的資本。這也正是蔣介石所企盼的。

1939 年 4 月 25 日晚,汪精衛在日本人的保護下,祕密逃離河內,經由海防乘船前往上海。

5 月 26 日,汪精衛在上海召集高級幹部會議,研究向日本政府主動提出「建立政府」的計畫問題,參加會議的有周佛海、陶希聖、高宗武、梅思平等人。會議經過 3 天的討論,擬訂出了《關於收拾時局的具體辦法》,準備以書面形式提交日方,汪精衛親赴日本和日方談判。

《關於收拾時局的具體辦法》的主要內容是:改組國民

政府，「還都南京」。

5 月 31 日，汪精衛、周佛海、梅思平、高宗武等 11 人，在影佐禎昭和犬養健陪同下祕密飛往東京。對汪精衛的來訪，新任首相平沼騏一郎召開政府首腦緊急會議，討論汪精衛提出在南京組建政府的要求。

平沼說：「原來我國政府鼓勵汪氏出逃重慶，是為了促進重慶政府內部分化而與帝國政府議和，這樣戰事就可能更加順利一些。原先我們只是計劃在經濟上支持汪氏進行和平運動，現在汪氏要求我國政府支持他在南京組織中央政府，這是我們未曾想過的。」

日本政府內部對汪精衛提出建立政府的設想意見很不一致，經過激烈的爭論後，日方終於統一意見，同意汪精衛建立新政府。

6 月 5 日，日本內閣五相會議擬出《建立新中央政府的方針》，但日方的這個方針和汪精衛建立政府的設想相去甚遠。

阿部首相的新方針使汪精衛在日占區建立「中央政府」的計畫成為可能。汪精衛開始策劃新政府的同時，也展開了各種宣傳活動。

汪精衛在《我對中日關係的根本理念和前景目標》的廣播講話中，提出了中日間「結怨不如解怨」的看法，汪精衛說：「現在中國面臨兩條道路，一條道路是把蔣介石先生等

汪精衛

人誇口的抗日戰爭繼續下去，但我實在看不出重慶有取得抗戰勝利的軍事力量，抗戰的結果只能使共產黨受益；另一條道路是繼承孫中山先生的遺志，朝化敵為友、解怨的方向努力。前者是中國走向亡國之路，後者是中國走向復興之路，也是亞洲走向復興的道路。我決心選擇後者的道路，也希望全國各黨派和無黨派的有志之士加入我們的行列。」

1939 年 10 月，日本興亞院起草了《日華新關係調整要綱》，以此作為與汪精衛談判成立「中央政府」的基本條件。

所謂「興亞院」，是日本政府於 1938 年 7 月成立的一個專門處理中國問題的部門。興亞院提出的《日華新關係調整要綱》，包括《調整原則》、《調整要項》、《調整要綱附件》，比起前首相近衛文麿之前宣布的「善鄰友好、共同防共、經濟提攜」三原則有很大的倒退。

《要綱》的主要內容有：承認「滿洲帝國」，給予蒙疆自治權，對華北實行防共駐兵，允許日本軍艦在長江沿岸及華南特定島嶼駐屯停泊。

日方的「和平運動人士」對興亞院的《日華新關係調整要綱》也感到不滿。影佐禎昭說：「如果以此方案為基礎與汪先生談判，就會使人懷疑日本政府的信義。即使汪先生接受了這個條件，和平運動也不會成功。」

犬養健說：「除了《日華新關係調整要綱》，還有附件等八件，好比一座大山壓在汪先生身上，怎麼能使他開展國

內的和平運動呢？又怎麼能使他得到中國民眾的信任呢？」

汪精衛考慮再三，還是準備在這個基礎上進行談判。汪精衛回信給影佐說：

尊函及日華關係調整擬訂方案已收到，似與近衛聲明宗旨相當差異，頗以為憾。但對此擬訂方案為基礎進行談判，則無異議。談判委員以周佛海為主任，梅思平、高宗武、陶希聖、周隆庠為委員。希肝膽相照，和睦相處，以審擬東亞問題。

1939 年 11 月 1 日，以周佛海為首的汪方代表開始與日方代表舉行祕密談判。汪方要求談判以近衛聲明、上海重光堂協議和東京談判的三個文件為基礎，表示很難接受上述三個文件中所沒有的東西；而日方則態度強硬，堅持《要綱》的方針。

由於雙方一度爭執不下，只好中途休會。12 月，雙方的談判再開，日方同意在協議書上附加一份《絕密諒解事項》，其中加入了汪精衛的一些要求。

日方的讓步之一是把日本在華駐軍分為防共和治安兩類，前者駐軍的區域規定為蒙疆，以及正太鐵路以北的晉、冀北部及膠濟鐵路沿線地區；後者駐軍則另行協定，其餘地區的日軍在「和平」恢復後兩年內撤退完畢，但並沒有說明什麼時候才算恢復「和平」。

汪精衛

雖然日方的讓步很有限，汪精衛最後還是接受了日方的條件，成立「中央政府」。這是因為與以前國民黨副總裁的身分相比，現在汪精衛的身價已跌為一個被政府通緝之人，不再有太多討價還價的資本了。

12 月 30 日，周佛海代表汪精衛在協議草案上簽字，周佛海辯解道：「弱國無外交，現在我們暫時失去了某些主權，一旦新政權建立後，經過和平建設，國勢日盛，到那時我們再與日方交涉來廢除有關的條約和協定也不是不可能。」

1940 年 3 月 20 日，「新政府」在南京宣布成立。

4 月 26 日，「新政府」在南京舉行「還都」儀式。此時日本的阿部信行內閣已經倒臺，1940 年 1 月 16 日成立了米內光政內閣。前首相阿部信行作為特使，和日本眾議院議長、貴族院議長以及日軍總參謀長等要人出席了「還都」儀式。

儀式在國民政府大禮堂舉行，裡面擠滿了文武官員和前來祝賀的市民，文官身穿中式禮服，武官身穿軍裝，但大家的臉上都沒有「還都」的興奮。大禮堂裡人頭攢動，卻是一片肅靜，偶爾還傳來低聲的嘆息聲甚至哭泣聲。

罪有應得喪命防空洞中

　　汪精衛的「中央政權」建立半年後，在以前密約的基礎上又進行了一次談判，簽訂了公開的《華日基本條約》。1940 年 11 月 30 日，在南京舉行《華日基本條約》簽字儀式，汪精衛以「行政院長」的身分出席簽字。汪精衛身穿禮服站在禮堂的石階前，此時汪精衛的臉上重新浮現出一絲微笑，走下臺階迎接阿部特使。

　　汪精衛政府成立後首先進行的就是誘招重慶政府的軍政要人加入他們的「曲線救國」行列。這個誘招行動雖然沒有很大的成果，但也並非一事無成。

　　至 1943 年 8 月，投奔汪精衛的重慶政府官員有國民黨中央委員 20 人，高級將領 58 人，軍隊 50 多萬人，這些人都是不滿蔣介石的政客和被蔣介石排擠的地方雜牌軍。但 1943 年 8 月日本在太平洋戰場失利之後，就無人再來投奔汪精衛政府了。

　　其次汪精衛深感以前沒有自己軍隊的苦惱，決心組建一隻自己的軍隊。汪精衛倣法孫中山辦軍校的方法，主辦起「中央軍政幹部訓練團」，由「中央軍委」直接領導，汪精衛親自兼任團長，陳公博兼任教育長，周佛海兼教務長。

　　訓練團的對象是收編的投奔他們的地方雜牌軍，訓練以

汪精衛

3 個月為一期,自上而下,一直訓練到排長為止。汪精衛的「國民政府」最多時曾有軍隊百餘萬,但在短短的一兩年時間裡汪精衛還得不到軍隊的絕對效忠,1943 年日本顯出敗色後,許多投奔汪精衛的軍隊又轉投蔣介石。再加上來自日本方面的壓力,都導致了這個計畫收效甚微。

然而,汪精衛成立「政府」後比較「成功」的一件事就是「清鄉」。所謂「清鄉」就是清除國民黨殘軍、共產黨新四軍在鄉村中的勢力,建立起「汪精衛政府」統治的末端機構。經過一年多的時間,完成了江蘇、浙江、安徽三省的清鄉工作。

此後,汪精衛利用太平洋戰爭大大改善了汪偽南京政府的地位。1943 年以後,日本已露敗跡,汪偽政府的官員也感到憂心忡忡,一旦日本戰敗,他們的出路在哪裡?周佛海等不少高官開始暗地裡和重慶方面取得聯繫,為自己準備一條退路。

而此時汪精衛的健康開始惡化。1935 年 11 月 1 日,汪精衛在參加完國民黨四屆六中全會到中央政治會議廳門前合影時,被愛國志士孫鳳鳴刺殺,但三槍終未擊中要害,有一顆子彈留在背部未能取出,造成的隱患使汪精衛經常感到背部、胸部及兩肋的劇烈疼痛。

1943 年 11 月,日本在東京召開大東亞會議,汪精衛參加會議,並會見了日本首相東條英機。工作談完之後,汪精

衛向東條英機提出一個請求，他想請東條英機派幾名醫生去南京，為自己取出留在後背上的那顆子彈。

東條英機答應了汪精衛的請求，派出了黑川利雄一行，帶著醫療器械來到南京。

經過一番細緻檢查，黑川利雄告訴汪精衛，後背的那顆子彈已傷至骨頭，但並沒有什麼大的障礙，還是不取為好。

汪精衛仍不放心，子彈留在體內，他總覺得是一個威脅。沒過多久，汪精衛跑到南京日本陸軍醫院，堅持要醫生取出子彈。日本駐南京陸軍醫院的後勤部隊長、中將醫師鈴木小榮於 1943 年 12 月親自操刀，替汪精衛取出了那顆子彈。

可能是手術傷及了中樞神經，術後，汪精衛的雙腿變得不聽使喚，一時大小便失禁，病情惡化，任何藥物均不起作用。1944 年元旦以後，汪精衛已不能從床上坐起。3 月 3 日，汪精衛在陳璧君及其子女的陪同下，乘專機去日本就醫。

汪精衛飛抵日本後，住進了名古屋帝國大學醫院的特別病房裡。汪精衛的住房除了極少數高級醫務人員知道外，其他人員毫不知情。

3 月 4 日，名古屋帝國大學附屬醫院組織黑川利雄、齋藤真等 8 名教授對汪精衛進行會診，再一次確診為因子彈頭在體內過久，誘發成為多發性骨髓腫，第四至第七胸椎骨的

汪精衛

腫脹已由背部向前胸擴散，嚴重壓迫脊髓神經。

3月4日晚上，由齋藤真教授主刀，進行手術。因美國飛機剛剛轟炸而引起的熊熊大火，將手術室的玻璃外窗映得一片殷紅。

手術前，當醫生洗手消毒戴橡皮手套時，竟發現3副是破的，真正急壞了一大群在場的教授。齋藤真火冒三丈，厲聲訓斥道：「怎麼連手套也沒有了？啊！一群蠢驢！」

但醫院裡實在找不出來，結果動員全市醫院，總算找到幾副，手術因此拖延了一個多小時。陸軍方面的負責人中村大佐抱歉地說：「工業區都炸光了，物資實在缺乏，請教授們原諒吧！」

手術做了近兩個小時，從汪精衛的背部切開，深入前胸，切除了有病變的4塊骨片和3根肋骨。等麻醉藥性過去以後，汪精衛自己用手摸摸大腿，已有知覺，雙足也可以活動了，汪精衛十分高興，在後來的4天中，都是如此。

汪精衛感到病癒有望，就在病床上對陳璧君和兒子汪孟晉說：「看來，我還命不該絕，可以再回南京。」

陳璧君聽著日夜的轟炸聲，憂心忡忡地對汪精衛說：「兆銘，你的身體看來會一天天好起來，但戰局實在太糟糕了！美國飛機的狂轟濫炸，你也聽到了。我們該怎麼辦呢？你要想想辦法才好哩！」

「如果日本垮臺，蔣介石是不會放過我們全家的。父

親應該召公博和佛海來，商量商量對策。」汪孟晉附和著母親說。

於是，汪精衛立即密電召見陳公博和周佛海。兩人次日就乘飛機趕到，在病榻旁先說了些祝賀健康的話。言歸正傳，汪精衛心情沉重地說：「日本朝不保夕，一旦戰敗，我們這群人就死無葬身之地了！叫你們來，就是要想想辦法。」

「我早已透過戴笠，和蔣介石接上關係。蔣已經答應，勝利後，對我們做政治問題處理，人人無罪，更不會傷汪先生一根毫毛。」周佛海倒也坦率，得意洋洋地說著。

「蔣介石和戴笠的話怎可信得？只要落到他們手裡，他們才不講信義和情面呢！」

「佛海講的也是對的。但這是束手就擒的方法，不是上策。我想我們在蘇、魯、皖一帶，尚有兵力近 30 萬人，像郝鵬舉、孫良誠等，都是舊西北軍馮玉祥的老部下。蔣、馮兩人至今不和，而 1930 年汪先生又和馮玉祥合作反過蔣。我們把這些部隊改編整頓，由汪先生領導，擁護馮玉祥，我們就可以和蔣介石及毛澤東逐鹿中原，形成鼎足而立的局勢了，豈不更好？」陳公博攤出了他的打算。

「這不是又要打內戰了嗎？」周佛海不贊成這個方法。

汪精衛想了好長一會兒，開口道：「公博所言，未嘗不是一條出路，否則我們要上天無路入地無門了。掌握實力是

必要的，但這樣做有把握嗎？能有什麼樣的結局？」

陳公博相當興奮，他一直是搞軍隊政治工作的，胸有成竹地侃侃而論：「不能說絕對有把握，但至少可以另組政權，在國內這局棋中討價還價。」

談了一會兒，周佛海說有事要走開一下。周走出病房後，陳公博就神祕地對汪精衛說：「日本人知道自己要失敗了。我這次來前，日軍駐華總司令岡村寧次鄭重找我密談很久。岡村說：『日本敗在海空軍，陸軍元氣未傷，如戰爭失敗，我豈能甘心讓中國落入共產黨之手！……所以我決定將100萬日軍，改穿你們的軍裝，全部三八式配備，交給你們，讓汪先生仍控制局勢。』如果真的實現，再加上30萬舊西北軍，這可不是個小的力量啊！」

汪精衛聽得入神。等陳講完，就讚許地說：「意見不錯，可以考慮。我們把首都搬到徐州或開封去。只是用日本軍隊的事，要慎重考慮，三思後行。但我們至少可以接受岡村的大量武器和軍火。」

等周佛海回來後，又談了一會兒，未做決定，就此散了。

陳公博回到南京後，就著手準備起來。這些舊西北軍合起來確有30萬之眾，占領著河南東部、山東南部和江蘇大部，確實不可小看這股力量。周佛海知道後，立即密電詳告蔣介石。

　　於是，蔣介石命戴笠和周佛海對這批將領分別拉攏，各個擊破，到頭來讓陳公博只落得個竹籃子打水一場空。

　　汪精衛吃了陳公博的空心湯糰，自我陶醉了一場。不料半個月後，雙腿又漸漸失去知覺了，已退的寒熱又高起來了，有時昏迷，有時清醒。回南京的夢想看來要落空，就這樣纏綿病榻，竟成了個病骨支離的殘軀，汪精衛再也沒有心情去想南京的事了。

　　1944 年 6 月 6 日，英美盟軍在法國北部的諾曼第登陸成功，長驅直入，和蘇聯紅軍配合直搗柏林。消息傳來，震動日本。等傳到汪精衛耳中時，他一氣之下，昏了過去。

　　等到醒來，汪精衛眼淚汪汪地對陳璧君說：「現在日本已成為全世界唯一的共同敵人了，豈有不敗之理！我們的命運可想而知了。不知公博逐鹿中原的計畫能否實現？」

　　「你病到如此地步，還管什麼中原不中原，快不要多說話了。」陳璧君早已愁得不可開交，因為日本醫生多次會診，已經確定汪精衛是骨癌絕症，無法治療，生命不會拖過半年。但汪精衛自己不知道。

　　「我們上海，有一種叫鐳的東西，聽說可以治癌症，能不能拿來試試？」陳璧君抱一線希望，哭著對齋藤真教授說。「這是一種放射性元素，對癌症可能有效。就試試吧！」教授回答得軟弱無力，毫無自信。

　　汪精衛的兒子汪孟晉，在 38 度的高溫天氣，飛到上

汪精衛

海，強迫「鐳錠醫院」的專家拿出了鐳，立即動身。醫生冒著酷暑，帶著僅有的一點點鐳，和汪孟晉到了名古屋。到達當天立即進行了鐳的放射性治療。

但 10 天下來，絲毫不見功效，汪精衛的發燒和疼痛反而更厲害了。汪精衛發怒說：「不……不要再做了！」

鐳元素照射的失敗，使陳璧君和日本教授們束手無策，陷入絕境。汪精衛已經形銷骨立，奄奄一息。他雖不知生癌，但已自感在劫難逃。

「公館派」親信林柏生來探視。見汪精衛病骨支離，已失人形，不禁暗暗吃驚。

汪精衛清醒後，就對林訥訥地說：「你回南京後，快叫公博實行中原計畫。周佛海已通蔣了，有些事不要告訴他。我的命不久了，你是管文化宣傳的，多年來一直跟著我，現在我就向你做個交代吧！」

「我的文章不必保存，但我的詩稿必須收藏好等待時機出版，就叫《雙照樓詩詞》吧！柏生，你要跟著公博走。我一生反共，人人皆知，我實在不願中國落入共產黨的手中，但現在看來，可能很難避免了……你自己好自為之……」汪精衛氣喘痰湧，已經說不下去了。

汪精衛這些話，可算是最後遺言了。直至病死，沒有再說過什麼。

拖到 11 月初，名古屋已是大雪紛揚，寒氣襲人。日本

人窮得連煤炭都沒有，自然燒不出暖氣來。汪精衛只得鑽在厚厚的絨被中，過一天算一天。

這時，美國人的「波浪式」、「地毯式」轟炸更加強烈了，名古屋一片火海，爆炸聲連綿不絕。

11月8日，醫院旁中了重磅炸彈，震得門窗破裂，玻璃四飛。日本人不放心，只得把汪精衛遷移到地下防空洞去。汪正發著40度的高燒，防空洞內沒有暖氣、沒有火爐，等於進了冰窟。一凍、一驚、一動、一嚇，汪精衛精疲力竭，病勢加劇。

等到11月11日下午16時20分，汪精衛就雙眼泛白，手足挺直，一命嗚呼了！

汪精衛

屍骨無存殘軀灰飛煙滅

　　日本人自己都在水深火熱之中，哪有心思再來顧汪精衛的死活，但表面文章是少不了的。近衛文麿、東條英機等趕到名古屋，勸慰陳璧君，決定將汪精衛的屍體先草草成殮，火速運回南京。

　　1944 年 11 月 12 日上午 9 時，汪精衛的臨時棺木被放上專機。機內供奉著日本裕仁天皇特賜的菊花勛章和頸飾。日本還派了久已不見蹤影的 4 架飛機護航，從名古屋起飛，汪精衛總算又「回」南京了。

　　飛機降落的地點是南京明故宮的日本軍用機場。

　　這一天的南京，戒備森嚴，高射炮對準天空，上百架日本飛機也硬著頭皮準備對付萬一出現的空戰。在機場上恭候靈柩的陳公博、周佛海、林柏生、褚民誼等，站在寒風中瑟瑟發抖。

　　下午 17 時 30 分，汪精衛的專機和護航機在紫金山上空盤旋一周後，緩緩降落在機場上。汪偽僅有的一個軍樂隊奏起哀曲。陳公博等人慢慢迎上前去。機門打開，第一個下來的就是面頰重霜的陳璧君。

　　大家向她慰問，她卻一言不發，雙目怒視，揮手叫人閃開。然後，臨時棺材被抬下飛機，陳公博、周佛海、褚民

誼、林柏生等將棺材拖上靈車。

於是，400多輛汽車，由光華門進城，往中山路、新街口、鼓樓兜了一圈，近一小時後才到達偽國民政府，棺材就放在大禮堂。

偽政府成立了一個「哀典委員會」，由陳公博任委員長，周佛海等為副委員長，不惜工本，大辦喪事。而且煞有介事地降了半旗，停宴會，纏黑紗，輟戲曲，罷歌舞。這一夜，頤和路汪公館的大廳內，燈火通明，正在召開「哀典委員會」第一次會議，人們心情沉重，面色肅穆。沉默了好久，陳璧君忽然河東獅吼：「怎麼，都成了啞巴啦？一群沒出息的東西！如何對得起汪先生在天之靈！」只有陳公博膽子大些，還敢開口：「夫人，汪先生有遺囑嗎？」「沒有！」陳璧君頓了一下再說：「中原的事不老早講過了嗎，這就是遺囑！」陳璧君隱瞞了汪精衛寫的《最後之心願》，那是要20年後方可發表的。「我們打算替汪先生國葬。」陳公博討好地說。陳璧君冒火了，霍然站起，厲聲說道：「不要國葬！汪先生生前不同意國葬！他關照只要在紫金山的梅花嶺中，擇塊風水寶地，搞個堅固的墳墓，長眠在中山先生邊上就可以了。在墓前石碑旁，再立一通矮碑，刻上先生最喜歡的《詠梅》詩。墓碑上只刻『汪精衛之墓』，連『先生』兩字也不要。其他你們不必再多說。都聽懂了嗎？」

陳璧君說得斬釘截鐵，冷若冰霜，誰還再敢多嘴開腔

汪精衛

呢！她拿出事先寫好的汪精衛的《詠梅》詩來，這是汪精衛以前的手稿，上面寫著：

> 梅花有素心，雪白同一色。
> 照徹長夜中，遂會天下白。

陳公博看後，沒有說話，將詩稿放進公文包內，會就算開完了。11 月 13 日上午，汪精衛的屍體移入上等楠木棺材，重新入殮。汪精衛穿著藏青長袍和玄色馬褂，戴著禮帽，兩眼微微睜開，似乎還放不下這江南半壁江山。

陳璧君再三用手按撫，怎奈屍體早已僵硬，再也閉不起來。陳璧君在棺材旁邊，拿出一方宣紙，用毛筆寫了「魂兮歸來」四個大字，塞在汪精衛的馬褂內，作為最後的憑弔。

在停靈期間，陳璧君和子女們就住在棺材旁的房間內。她要看看守靈人是否真正忠誠。她親自擬定了一張名單，凡部長級的人，都要分批通宵守靈。「哀典委員會」只有一切聽命，哪敢違拗。

第一夜守靈的是陳公博、周佛海和褚民誼。時至半夜，嚴寒逼人，褚民誼不知不覺全身冰涼，打起盹來。還未睡著，就被剛好出來查夜的陳璧君看見了，立即大聲罵道：「褚民誼，你要睡覺了，是不是？對得起你姐夫汪先生嗎？給我站好！立在靈柩邊，直至天亮！真是個不爭氣的東西！」

褚民誼是陳璧君的妹夫，被罵得狗血噴頭，只得一聲不響，哆哆嗦嗦地站著。

因為是陳璧君親擬的名單，誰也不敢怠慢，人人守靈 24 小時，那時南京正是隆冬，有的人只好帶著毛毯披在身上。

一天，半夜時分，陳璧君一覺醒來，到靈堂查看，只見偽文官長徐蘇中正裹著厚厚的毛毯，坐在地上。她怒氣不打一處來，立即就像炸彈爆炸似的大聲吼叫：「徐蘇中，你起來！回公館抱著小老婆納福去好了！守什麼靈？汪先生對你如何？你守一夜靈都不肯嗎？」

徐蘇中哪敢違抗，立即顫巍巍地站了起來，直至天明。

在一星期的守靈中，除陳公博、周佛海外，幾乎人人都受到程度不等的訓斥。連殺人不眨眼的特務頭子丁默邨，也被陳璧君罵得哭笑不得。

11 月 23 日，偽政府替汪精衛在南京大出喪。

這一天天氣晴朗，但酷寒逼人，重裘不暖。大家吃不消陳璧君的雌威，紛紛在早晨 6 時前趕到。待太陽初升時，一個小小的靈堂，已經人頭攢動了。

6 時 30 分，舉行「移靈祭」，由陳公博站在棺材前，高聲朗讀祭文，這是一篇艱澀難懂的八股文章。

7 時整，大出喪開始。隊伍最前面，有一偽軍官，騎黑馬，高擎開道旗。後面是兩個騎黑馬的騎兵，背著槍口朝下

汪精衛

的步槍，一人手執偽國旗，一人舉著偽黨旗。然後是軍樂隊，邊走邊奏哀樂。再後面是騎兵大隊和步兵連。然後是手執花圈的偽官挽圈隊。

陳璧君和子女們穿著黑色喪服，分別走在靈車前後。靈車由 8 匹白馬牽引。靈車後還有衛士大隊和被脅迫來的大學生 10,000 多人，綿延足有 2,000 公尺之長。

東郊梅花嶺從山麓到山巔，紮滿黑白布球，日本駐偽府大使谷正之、總司令岡村寧次等軍官依次排成一圈。

10 時 30 分，舉行安葬典禮，還是由陳公博主祭。煩瑣的儀式後，已是中午 12 時了，方才進行入墓式。

最後由陳璧君帶領眾人將泥土灑在棺木上。陳璧君每灑一鏟，就說一聲「魂兮歸來」。「汪精衛之墓」的紅字石碑，當即立在墓前。

至於那塊「詠梅」詩碑，還未刻好，只得以後補之。待「詠梅」詩石碑刻好，已是 1945 年 8 月中旬，日本法西斯無條件投降了。汪精衛墓本來是仿中山陵設計的，造價為 5,000 萬元，但動手興建不久，日本投降，工程不得不停了下來。

抗戰勝利後，蔣介石要從重慶還都南京了。

1946 年 1 月中旬的一個晚上，國民黨陸軍總司令何應欽，在南京黃埔路陸軍總部召開了一次會議。何應欽脫去白手套，對在座的工兵部隊、憲兵司令部負責人慢條斯理地

說：「委員長不久就要還都回來了，但汪精衛的墳墓仍在梅花嶺，居然和中山陵並列在一起，太不像話，如不去除，委員長必定大發脾氣。所以請大家來，仔細研究除掉汪墓的妥善辦法。此事要考慮周詳，絕對保密。汪精衛畢竟是個國民黨元老，一旦宣揚出去，說委員長容不得一個政敵的屍骨，那就不好了。」

何應欽說完，請大家研究決定，就先走了。

會議決定在十天以內辦好這件事，由第七十四軍工兵部隊負責執行，憲兵實行戒嚴，嚴格保密。

第七十四軍工兵指揮官馬崇六決定：爆炸挖墓，並定於1月21日晚上執行。在這三天前，梅花嶺周圍實行戒嚴，並在報紙上公布陸軍要試砲。爆炸由第七十四軍五十一工兵營負責，用150公斤TNT烈性炸藥。

在一個月黑風高、夜寒逼人的晚上，梅花嶺四面響起了陸軍的「試砲」巨響。工兵在水泥墓上鑽好砲眼，放好引信，轟然一聲，炸開了這個石墓，露出棺材。

撬開棺蓋，馬崇六看到汪精衛的屍體並未腐爛，只是臉色青灰，已有黑斑點點。馬崇六叫工兵實行「抄身」，但除陳璧君寫的「魂兮歸來」紙片外，沒有其他隨葬品。

馬崇六「驗明正身」後，下令用吊車將棺木吊到卡車上，向清涼山火葬場駛去。這裡士兵們立即平整土地，填滿墓穴，運走垃圾，將一座事先以積木式拼裝好的翹角亭子，

汪精衛

埋在墓地上，不到天亮，就已完工了。

不知不覺，無聲無息，汪精衛的墳墓就此消失，這裡依舊是遊覽風景的地方。裝著棺材的汽車，由馬崇六押車開到火葬場。場內人員都已調開，全由工兵操作。

棺材被立即送入火化爐，但見一團火球，飛舞燃燒40分鐘不到，全部燒光。一副價值連城的楠木棺材，也一起化為灰燼了。馬崇六命令開動強烈的鼓風機，向爐膛吹去，頃刻間塵灰飛濺，汪精衛的骨灰就在茫茫夜空中四散不見了。

汪精衛生前所作的詩中，曾有「劫後殘灰，戰餘棄骨」、「留得心魂在，殘軀付劫灰」句子，本是得意時隨手

陳公博

陳公博

留學回國受到汪精衛提攜

1892 年 10 月 19 日，陳公博生於廣州北門的一個官宦之家。1917 年，他從廣州法政專門學校畢業後，又考入北京大學哲學系。

當時的北京大學正是蔡元培任校長時期，各方名師匯集，各種思想廣泛傳播。陳公博與同時代的人一樣承受著新思潮的衝擊和洗禮，吮吸著蜂湧傳入中國的各種西方思想。

1920 年夏，陳公博結束了在北大的求學生活，帶著極不定型的新思想和急於施展才華的抱負返回廣東，開始踏上政治舞臺。

在陳公博返回家鄉前後，廣東已成為中國革命的中心：一方面，孫中山在第一次護法運動失敗後，再次舉起「護法」旗幟，從上海重返廣州主政，革命蓬勃發展；另一方面，五四運動後的廣州，各種新思潮廣泛傳播，各種新刊物如雨後春筍般湧現，掀起了一股宣傳馬克思主義和社會主義的熱潮。在這種情況下，回到廣州的陳公博開始接受和宣傳社會主義學說。

1920 年 10 月，他聯絡同學和一些進步知識分子創辦了以宣傳新文化、新思想為宗旨的《群報》，陳公博任總編輯。《群報》一經正式發刊，便以嶄新的面貌大張旗鼓地宣

傳社會主義新思想、新文化，在廣東思想界引起巨大震動，
受到進步人士的普遍歡迎。

12月，陳獨秀受聘廣東教育委員會委員長之職，幫助
廣州方面建立共產黨組織。

1921年3月，陳獨秀與陳公博、譚平山、譚植棠等經
過幾次醞釀，組建了新的共產黨廣州支部，譚平山任書記，
譚植棠管組織，陳公博負責宣傳。

共產黨廣州支部成立後，陳公博繼續任《群報》主編，
在陳獨秀的指導下，開闢了許多專欄，宣傳馬克思主義。
《群報》成了廣東地區傳播馬克思主義的一個重要陣地。

1921年7月23日，中國共產黨第一次全國代表大會在
上海舉行。陳公博作為共產黨廣州支部的代表出席了會議。
會議在討論黨在現階段的目標和策略時，特別是在黨員能否
當議員或到政府裡去做官等問題上，出現了分歧。

這本來是十分正常的事，但陳公博卻視這種爭論為兩面
派互相摩擦、互相傾軋而「心內冷然」，從而導致「不由得
起了待機而退的心事」。

7月30日，會議受到法租界巡捕的騷擾，只好改在浙
江嘉興南湖遊船上繼續舉行。陳公博沒能出席在嘉興南湖遊
船上舉行的中國共產黨一大的最後一次會議。

以參加中國共產黨一大為轉折點，陳公博對馬克思主義
的政治熱情急驟下降，以至於在幾個月的時間內，對共產主

陳公博

義學說的正確性產生懷疑和困惑，準備出國留學。

正在陳公博「困惑」之際，1922 年 6 月，陳炯明發動叛亂。陳公博破壞黨紀，寫文章支持陳炯明，理所當然地遭到黨中央的批評，黨中央要求陳公博去上海，回答黨內的質疑。陳公博遂決意與中國共產黨分道揚鑣。從此，他脫離了中國共產黨，到國外留學。

1925 年 4 月，陳公博結束了在美國的留學生涯，回到廣州，立即受到國民黨當局的重視。國民黨左派領袖廖仲愷約他面談，極力勸說他從政。最終，經廖仲愷介紹，陳公博在脫離中國共產黨 3 年後，加入了中國國民黨，再次登上政治舞臺。由於汪精衛和廖仲愷的信任和支持，陳公博加入國民黨不久，便擔任了國民黨中央黨部書記。1925 年 7 月，廣州國民政府成立，陳公博任軍事委員會政治訓練部主任和廣東省農工廳長，接著又出任中央農民部長兼廣東大學校長。

1926 年 1 月，在廣州召開的國民黨第二次全國代表大會上，陳公博當選為國民黨中央執行委員，地位顯著提高。短短幾個月，陳公博從一個剛剛入黨的新黨員，躍進國民黨核心領導層，這些都與汪精衛的提攜密切相關。

1926 年 6 月，北伐戰爭開始，陳公博成為蔣介石的重要隨員隨軍北上。隨著北伐戰爭形勢的勝利發展，1926 年 10 月，國民黨中央決定國民政府遷都武漢，但蔣介石卻出

於維護個人獨裁地位的考慮，提出要遷都南昌。

於是，國民黨內部左、右兩派圍繞遷都問題展開了激烈的爭鬥。陳公博受蔣之託，奔走各方，出謀劃策。基於當時蔣介石在政治上還處於劣勢，他勸蔣介石遷都武漢，等過了危機然後再想辦法。蔣考慮再三，接受了陳公博的「韜晦」之計。

蔣介石一方面通電國民黨中央，同意遷都武漢，另一方面改組國民黨中央黨部，由陳公博任代理組織部長，陳公博很快成為國民政府中的顯赫要人。

1927 年 4 月，汪精衛到達漢口，成為武漢國民政府的首腦。陳公博再次靠向汪精衛，成為汪精衛在政治上堅定的支持者。

1927 年，蔣、汪重新勾結，驅逐了在廣東的李濟深。之後，粵、桂方軍隊在梧州一帶相持，中國共產黨人張太雷等乘廣州防衛空虛，舉行了著名的廣州起義。

雖然起義被鎮壓，但「驅李」和廣州起義這兩件事情成為國民黨內攻擊汪精衛、陳公博的口實，指責汪精衛、陳公博為「準共產黨」。蔣介石乘機東山再起，將汪精衛和陳公博趕下臺。

1927 年 12 月，陳公博被迫逃往香港。

不久，在政治上不甘寂寞的陳公博來到上海，利用社會上對國民黨當局的不滿，提出「重新改組國民黨」的口號，

陳公博

準備在政治上東山再起。

1928 年年初，陳公博發表文章，出版書籍，全面闡述他的資產階級改良主義思想，在國民黨內和社會青年知識分子中產生強烈反響。

1928 年冬，陳公博等宣告成立「中國國民黨改組同志會總部」。「改組派」組織成立後，陳公博多方活動，與蔣介石形成尖銳對抗，掀起了「護黨救國運動」。汪精衛、陳公博聯絡各種勢力反蔣，造成軍閥大混戰和各種政治勢力相互傾軋。但經過幾個回合的鬥爭，陳公博領導的「改組派」敗下陣來，被迫解散。

「九一八」事變後，各政治派別又暫時團結起來，蔣介石、汪精衛開始了合作。陳公博就任國民黨中央民眾訓練部長、行政院實業部長。

蔣、汪雖實現了合作，但兩人的關係卻極其微妙。汪精衛雖任行政院長，但陳公博認為，行政院是「花落空庭，草長深院」，軍事、財政、外交等大權，行政院無權過問。

特別令陳公博氣憤的是，賣國條約《塘沽協定》、《何梅協定》的簽訂，蔣介石是主謀，而汪精衛由於主持簽訂條約成為眾矢之的。陳公博本人就任實業部長幾個月，卻無法履行職務，只能「酒杯澆盡牢愁在」。

1936 年 2 月，汪精衛辭去行政院長職務，出國就醫療養，陳公博也辭去了所有的職務，但仍留在南京，靜觀國內

形勢的變化。同年 12 月,「西安事變」發生,蔣介石被囚禁,陳公博又活躍起來,主張對西安進行軍事討伐,置蔣於死地,並且要迎汪精衛回國。

1937 年 1 月,汪精衛從巴黎回到香港,陳公博等將他從香港迎回上海。但是令汪精衛、陳公博感到意外的是,「西安事變」已經和平解決,中國即將進入一個新的歷史時期 —— 抗日戰爭時期。

陳公博

外敵入侵滋生悲觀失望情緒

1932 年 1 月 28 日，日軍進犯上海，陳公博還主張打，他認為，「這次上海戰爭，不是軍事戰爭，而是政治戰爭。」其間，陳公博還為十九路軍募捐了 10,000 枚手榴彈。

但是，「一‧二八」淞滬戰役卻以中日雙方簽訂《淞滬停戰協定》結束。

1933 年 2 月，日軍進犯熱河，陳公博奉命北上犒軍。陳公博剛到北平，得知各路軍隊均已敗退，而且「不奉命令，擅自撤退」。前線潰敗之慘狀，讓陳公博大為恐慌，他判斷：「這次戰爭，實在說我們還沒有充分的準備，軍事既難解決，還是走外交的途徑吧！」

這是陳公博第一次流露出對日本的恐懼和對抗戰的失望，而「外交途徑」，則成為之後陳公博抱定的解決宗旨。

1937 年盧溝橋事變後，國民政府上訴國聯，請求調解中日爭端。最終日本接受德國或義大利出面「調停」。蔣介石表示了抗戰的意向，但也企圖將盧溝橋事變作為局部衝突，「以外交之方式，謀和平之解決」。10 月下旬，德國開始調停。

11 月 5 日，德國駐華大使陶德曼在南京會見了蔣介石，正式轉交了日本的「議和條件」。

蔣介石於 12 月 2 日下午在南京召集高級將領會議，參加者有顧祝同、白崇禧、唐生智等。

白崇禧說：「如果只是這些條件，為什麼非打仗不可呢？」

然而，隨著日軍攻占太原、上海、南京等大城市，日本政府與軍方氣焰更囂張，胃口更大，國際調停毫無結果。淞滬會戰之後，在南京出現了一個「低調俱樂部」，其成員大多相信，「抗戰下去，是要滅亡的」。俱樂部的成員包括：顧祝同、熊式輝、高宗武、梅思平、羅君強、陶希聖、胡適等。國民政府的求和姿態對這批人影響巨大，和談的破裂和日本軍事上的持續進逼卻又使他們更加對前途絕望。9 月底，隨著上海戰事漸趨不利，亡國之憂籠罩在南京「急和派」的頭頂。「急和派」們悲觀的心理，可能成為其中某些人日後轉為漢奸的前兆。陳公博雖未參加低調俱樂部，但他的思想轉變已和低調俱樂部漸行漸近。更為重要的是，低調俱樂部已逐漸奉汪精衛為精神領袖，有意推汪與日談和，在領袖和主和這一點上，陳公博與低調俱樂部的「急和派」取得了高度一致。

歷史學家唐德剛在《高陶事件始末》（高陶指後來脫離汪偽集團的高宗武、陶希聖）一書的序言中，對低調俱樂部成員和「急和派」如此評價：

這批人士只是一窩清一色的都市小資產階級出身的知識

陳公博

分子，畏首畏尾的中年白面書生。算盤打得太清楚，在英語上叫做 calculative，自覺眾睡獨醒，考慮周詳，以一種單純的共同語言，你唱我和，自以為是。

在日漸濃厚的失敗陰影中，汪精衛、陳公博、周佛海和低調俱樂部的成員們逐漸喪失了政治判斷力。

1938 年，日本因戰線過長，遂停止大規模軍事進攻，轉而進行政治誘降。高宗武、梅思平與日方在上海祕密簽訂《重光堂密約》，並遞到汪精衛手中。

據陳公博回憶，1938 年 7 月，汪精衛第一次向陳公博試探與日和談之事，而陳公博對此「大不謂然」。他分析說：「方今國家多難，不容再破；戰要一致，和也要一致；日本絕無誠意」，「我固然反對汪先生言和，更反對汪先生離開重慶」。

11 月底，汪精衛再召陳公博商議，並出示日本首相近衛擬定的原則，陳公博表示對大多數條款都不贊同。汪精衛辯稱，之所以走這一步，是為淪陷區人民著想。

爭執之下，陳璧君怒罵陳公博：「你反對，那你當蔣介石的官去！」

至此，陳公博已知無法改變汪精衛的決心，「苦悶達於極度」。而陳璧君等也摸清了陳公博心思，「大家一走，陳公博也不可能獨留」。

追隨汪偽走上賣國不歸路

1937 年 7 月 7 日，盧溝橋事變爆發，蔣介石南京政府最終下定決心，抗擊日本侵略者，但同時也想尋求透過外交途徑結束戰爭。

1937 年 12 月，陳公博以專使身分訪問歐洲各國，爭取義大利對中日戰爭採取中立態度。正當陳公博在歐洲開展外交活動之時，日本向蔣介石提出了「議和條件」。

1938 年 1 月，日本近衛首相發表「不以國民政府為對手」的聲明，蔣介石對日本的條件心存顧慮，沒有接受。但汪精衛、周佛海等「低調俱樂部」成員卻祕密與日本政府進行談判，簽訂賣國條約。

這一時期，陳公博雖對中日戰爭也抱極度悲觀情緒，但還沒有參與汪、周等人的投降活動。

1938 年 11 月，汪精衛告訴陳公博他準備離開重慶，直接與日議和，陳公博大吃一驚，與汪精衛爭論很久。不久，汪精衛再次告訴陳公博：「中國國力已不能再戰，假使敵人再攻重慶，我們便要亡國。」

此時，汪精衛的代表已與日方代表在上海簽署了一系列協議，汪精衛降日已成定局。

陳公博懷著極其矛盾和苦悶的心情在「走」與「不走」

陳公博

之間選擇。考慮再三，汪精衛派小集團的私利在他頭腦中占了上風。他不能忍受與汪精衛關係中斷帶來的痛苦和自己在蔣政府中處於受人歧視的難堪境地。他決定隨汪精衛離開重慶。

汪精衛偽國民政府在 1940 年 3 月正式登場。汪精衛本欲委陳公博以「行政院長」重任，但陳公博堅辭不就，而選擇了「立法院長」這個位高而輕閒的職位。

陳公博向汪精衛提出：「南京極力向日本交涉，得到最優條件，通知重慶，務必全國一致，然後乃和；南京對於日本在中國作戰應極力阻止，尤其萬勿命令所轄軍隊參加作戰，以免由外患而轉變成內戰的方式。」但在當時抗戰形勢高漲情況下，他所言的「補救措施」也只能是一廂情願了。

3 月 30 日，汪偽政權「還都」南京，他以偽立法院長身分發表廣播談話。陳公博宣稱，他們「是要救回四分五裂的國家的，是要救回水深火熱的人民的」，跟著他們，「不但可以建設新的近代的中華民國，中日也可以永久和平」。

汪偽政權成立後，汪精衛兩次派陳公博為特使，率使團赴日答謝。陳公博發表文章鼓吹：「日本不是希望中國滅亡，而是希望中國復興，全面和平必在不久的將來。」

5 月，陳公博訪問日本，希望日本對汪偽政府大力協助，調整汪日邦交。經過多次會談，日本表示：對於汪偽政府的承認，大致放在日汪基本關係條約簽字之時。同年 11

月，日汪基本關係條約正式簽訂，這個條約是一個地地道道的賣國條約。

陳公博參與和策劃了汪偽政府的每一項重大決策，並擔任了重要職務，成為汪偽政府的二號人物。

10 月，偽上海特別市市長被刺殺，陳公博兼任偽上海特別市市長，同時還兼任各種高級職務，如「清鄉」委員會副委員長等。

1944 年 3 月，汪精衛因病赴日治療。根據汪精衛的提議，在汪精衛治病期間，由陳公博代行偽國民政府主席之職，偽最高國防會議、偽中央政治委員會會議、偽軍事委員會常務會議等，也都由陳公博主持。

1944 年 11 月，汪精衛在日本一命嗚呼。陳公博繼承汪精衛身前之職，任偽國民政府代主席。

1945 年 1 月，陳公博開始「重整黨務」。因為汪偽國民黨的各級黨部已形同虛設，很少有專人負責。8 月，正當陳公博要召開會議之時，日本侵略者投降了。

抗戰勝利，普天同慶，但陳公博之流的大小漢奸深感末日來臨，慌作一團。8 月 10 日，電臺播出日本向盟國乞降，陳公博馬上感到極度緊張和憂慮。他連續致電蔣介石稱，表示可用南京政權直轄的 36 萬偽軍守衛寧滬杭三角地區、完整交付重慶，希望派人接收，卻沒有得到回音。

原來，國民黨特務機關已對掌握上海實力的周佛海祕密

陳公博

加委，並聯絡了汪偽六個方面軍頭目，對這個空頭「主席」毫無興趣。

1945 年 8 月 16 日，陳公博主持召開偽中央政治委員會最後一次緊急會議，在慌亂中通過了偽國民政府解散宣言。

見蔣介石嫌自己招牌太臭且無實力不予理睬，陳公博祕密飛往日本，試圖在當地隱姓埋名。但不久，中國政府即發出對陳公博的通緝令，並在南京受降後即向日本提出引渡要求。

作為戰敗國的日本將其交出。陳被押回中國，交由軍統看管。

1946 年 3 月，陳公博等被押至江蘇高等法院受審，儘管陳公博百般狡辯，但終究逃脫不了被送上斷頭臺的命運。4 月 12 日下午 16 時，江蘇高等法院再次開庭，宣判：

陳公博通謀敵國，圖謀反抗本國，處死刑。剝奪公權終身。全部財產，除酌留家屬必需之生活費外，一律沒收。

6 月 1 日，國民政府核准了死刑判決；6 月 2 日，陳公博與汪精衛之妻陳璧君、汪偽政府廣東省省長褚民誼一同，由南京寧海路軍統看守所被移送至蘇州獅子口監獄。

6 月 3 日一早，陳公博正在書寫一副對聯：「大海有真能容之量，明月以不常滿為心。」

看守來通知陳公博提審時，門外已經站著一排法警。陳公博心中也許明白了怎麼回事，對法警說：「勞駕再等幾分鐘。」說完拾筆寫完了最後三個字。接著，陳公博取出毛料

西褲，尖頭皮鞋穿好，再罩上了一件藍綢長褂。躊躇良久，他挑出了一把小茶壺，出門直向對面陳璧君囚房。

陳公博向陳璧君深鞠一躬，說：「夫人，請恕我先去了，今後請夫人保重。」說完，陳公博雙手遞上茶壺，「牢中別無長物，一把常用的茶壺，就留給夫人作個紀念吧！」

陳璧君用粵語大叫：「想不到你竟死在蔣介石手裡，叫人死不甘心。」江蘇高檢首席檢察官韓燾問陳公博有何遺言。陳公博要來紙筆，坐下開始寫信，一封寫給親屬，一封竟是寫給蔣介石。信寫得很長，給蔣的信只寫到一半，時間已近中午，陳公博遂擱筆不寫。最後，陳公博要求：「我有茶杯一只，系汪先生所贈；旭日綬章一枚，系日本天皇所贈，要求隨葬。」陳公博向陳璧君道別後，又去和褚民誼道別，然後行抵刑場。他剛走到場地中間，法警在後舉槍便射，子彈穿腦而出，陳公博撲倒在地，血汩汩地流了一地。在等待行刑期間，陳公博作長詩一首，最後兩句為：「功罪與是非，何必待後史。」

歷史學家唐德剛先生在《高陶事件始末》序中評論：

這群邊緣政客，在抗戰陣營之中，代表性實在太小了，一意孤行，誤國誤己，怎能不淪入漢奸之列呢？但是這杯致命的毒酒，正如陶公（陶希聖）所說，他只喝了半杯，便狠命地吐出了。陳公博、梅思平等，則呷而不吐，最後只有被押上法場，槍斃了事。其智可及也，其愚不可及也。豈不可嘆？

周佛海

周佛海

抗戰爆發投入日本人懷抱

周佛海，1897 年生於湖南沅陵縣，曾參與組織旅日共產主義小組。1921 年，回國參加中國共產黨第一次全國代表大會。中央局書記陳獨秀在廣州未回上海前，一度代理書記職務。

中國共產黨的一大後，周佛海仍回日本求學。之後，他實際上與中國共產黨組織脫離了關係，不再從事黨的任何工作。

1923 年，他從日本京都帝國大學畢業回國。

不久，周佛海應邀來到廣州，出任國民黨中央宣傳部祕書，同時兼任廣東大學教授。

隨著地位的變化，他與中國共產黨的離心傾向日益加重，並散布對黨的不滿情緒。黨的廣州支部負責人對他進行了耐心教育。

但他毫無悔改之意，後來竟公開聲明與共產黨脫離關係。中共中央於 1924 年准其脫黨。

從此，周佛海走向了反共方向，成為國民黨右派營壘中的幹將和蔣介石的心腹，宣稱自己要做一個「國民黨忠實黨員」，叫嚷「攻擊共產黨，是我的責任，是我的義務」。

蔣介石發動「四一二」反革命政變後，周佛海投靠蔣介

石。先後擔任國民黨中央政治委員會委員、民眾訓練部部長、蔣介石侍從室副主任兼第五組組長、國民黨宣傳部副部長、代理部長等職，為蔣介石打內戰、實行獨裁出謀劃策。他還曾參與籌建國民黨特務組織復興社，即藍衣社。

抗戰全面爆發時，周佛海又成為國民黨中央執行委員會調查統計局（簡稱為「中統」）十大頭目之一，但這些似乎並未滿足他的權力欲望。

正當全國興起抗戰高潮時，為了躲避日機轟炸，一批和周佛海臭味相投的國民黨大員，就天天躲在周家的地下室內，常來的有高宗武、陶希聖、梅思平、朱紹良、顧祝同、熊式輝、胡適等人。

他們天天談論的，不是如何抗日，而是大講中日不可打仗。他們認為，中日作戰的結果，必定兩敗俱傷，而獲益的是共產黨。他們仍然主張「攘外必先安內」，國民黨如果抗戰，既不能「攘外」，也無法「安內」，死路一條。他們還認為英美絕不會援助中國等。

胡適竭力主張，和日本的外交關係不能斷，此事應由外交部亞洲司司長、「日本通」高宗武去辦。談得多了，胡適笑著對周佛海說：「你這裡成了『低調俱樂部』了！」抗戰中有名的「低調俱樂部」，即典出於此。

所謂「低調」，實際就是漢奸論調。周佛海所以不惜落水，除了以上論點外，他個人的因素也很大。

周佛海

　　他兒子周幼海在回憶錄裡曾提及周佛海對他說過:「自從脫離共產黨後,我很不得意。我當上了國民黨政訓處處長,當過江蘇省教育廳廳長,當了國民黨宣傳部副部長,與國民黨中統關係也深,但始終沒有什麼作為。因此,我決定和汪先生一道出來,從另一條道路來解決中國問題。」

　　這是周佛海不打自招。狼子野心,昭然若揭。

　　1938 年國民黨政府退到武漢後,周佛海才與汪精衛正式接觸,結成投降聯盟。他們祕密派高宗武到東京試探「和平」。後來又派梅思平到上海,和日本軍部的代表談判和簽訂密約,這就是有名的「重光堂會談」。

　　1938 年冬,周佛海和汪精衛一起逃離重慶,正式投入日本人的懷抱。汪精衛在河內,周佛海在香港,漢奸活動日益公開。1938 年年底,汪精衛發表臭名昭著的「豔電」。周佛海不顧各方面的反對,竭力主張在汪系《南華日報》上立即刊登,從而成了一名大漢奸。

　　1939 年 5 月,周佛海和汪精衛一夥到了上海,然後就公開到東京去談判簽訂密約,籌建汪偽政府。汪精衛的第二把手陳公博,一直琵琶掩面,半推半就,實際大權就全落在周佛海手中。汪精衛集團的財政和人事,全由周佛海一把抓。「滬西路」的「76 號」魔窟,名稱是汪記「國民黨中央特務委員會特工總部」,周佛海也是主任。總之,無論權力和金錢,周佛海都爬上了頂峰。

1940 年 3 月，汪偽政府成立，周佛海是偽行政院副院長、偽財政部長、偽警政部長，再加上一個偽中央儲備銀行行長。周佛海有所「作為」了，他和汪精衛「解決中國問題」的果實到口了。

周佛海

投敵叛國過上腐敗糜爛生活

汪精衛的偽政權成立時，偽政府中的各院、部、會的漢奸要員，都是在周佛海筆下提名產生的，偽政府實際上是周佛海炮製而成，周佛海對此十分得意。

他在日記中說：「國民政府還都，青天白日滿地紅旗重飄揚於石頭城畔，完全系余一人所發起，以後運動亦以余為中心。」周佛海甚至狂妄地說：「人生有此一段，亦不枉生一世也！」在形式上，周佛海地位僅次於汪精衛和陳公博，但是由於周佛海直接掌握汪偽政權的外交、金融、財政、軍事、物資和特務大權，並且直接掌握一支裝備精良、訓練嚴格的偽稅警團，因而其在汪偽政權中是一個握有實權的人物。

儘管他權勢兩旺，富可敵國，但總是夜夜驚夢，惴惴不安。

他對自己的兒子說：

漢奸這頂大帽子是戴定了，如果一旦日本失敗，吾家無噍類矣！但這與你無關，我已替你備好十萬美金，你到美國去讀書。我可以叫司徒雷登給你護照。他每年要從北平經上海到重慶去一次。他和蔣先生關係極好，正在做中間人談判中日和平呢！至於我自己，只有醉生夢死，醇酒美人了。希

望日本不要失敗，才有活路。

周佛海懷揣這種心思，每天都過著「醉生夢死，醇酒美人」的生活。

在紙醉金迷的大上海十里洋場，金融界巨頭、偽中央儲備銀行上海分行行長潘三省經常幫助周佛海尋訪名媛供其淫樂，潘三省亦因此而被提升為上海市儲備銀行總裁。

不久，此事即被周的妻子楊淑慧得知。當她發現牽線的竟是潘三省，更是氣上加氣，把潘三省叫來一陣打罵，嚇得潘三省抱頭鼠竄。

周佛海還是上海會樂里長三堂子的常客。有張小報登過一段豔事：有個名妓叫「真素心」，死活要周佛海寫副對聯。周的字跡奇劣，但文才不錯，立刻揮筆寫就：「妹妹真如味之素，哥哥就是你的心。」

漢奸歪才，倒也不易，把「真素心」三個字都嵌進去了。但一個「大人物」的豔聯掛在妓院裡，當時傳為笑談。

約在 1940 年年初，「76 號」臭名昭著的吳四寶在家裡開堂會唱戲，目的是要巴結周佛海，將京劇坤角「小伶紅」介紹給周。兩人一見傾心，立成好事。

周佛海怕老婆楊淑慧的潑辣，就將她藏在親信孫曜東的家中，常去幽會。事被楊淑慧探悉，大發雌威，叫許多人拎了馬桶，到孫家大打出手。

孫曜東滿身糞汁，「小伶紅」臉色刷白，跪地求饒。周

周佛海

佛海只好答應分手。「小伶紅」替周佛海養了個女兒，楊淑慧死不認帳。

1944 年，周佛海心臟病發作，到東京治病，又和護士金田幸子搭上，生了個女兒，叫白石和子。這一次楊淑慧無法河東獅吼，只有忍耐，因為是日本人，不像「小伶紅」那麼可欺，何況拉皮條的還是汪偽經濟顧問岡田西次！

周佛海荒淫之餘，仍時時不忘發財。雖然他的財產無資料披露，但他在日記中也道出了部分事實。

周佛海先後以耐勞、慎獨、寧遠、百忍等二十多個化名在上海數家銀行存款近 3,000 萬元（約合當時黃金 7,500 市兩）。據周佛海自謙估算，存款「為數雖不多，今日之蓄積，比上不足，比下有餘，亦應自足矣」。

窮途末路重新尋找救命稻草

　　周佛海除腐化淫亂之外，就是和各方面的人物接觸。剛當漢奸，他已經在為自己的退路打算了。當時在中國，只有三大政治勢力：日本軍方、國民黨和共產黨。重慶和延安，他要留取退路。是重慶，還是延安？他沒有決定。來者不拒，手裡多幾張牌，總是好的。

　　周佛海的偽財政部警衛隊長楊叔丹，就是周佛海埋下的伏筆。剛好，共產黨為了民族大業，想讓他立功贖罪，也已派人來找他了。楊叔丹的姐姐楊宇久是周佛海岳母的乾女兒，和他的老婆楊淑慧以前以姐妹相稱，這次楊宇久奉劉少奇之命，到南京來做周佛海的工作。楊叔丹透露給楊淑慧後，她說：「老姐妹到了！快來，快來。她是共產黨，但我保證沒人動她一根毫毛。」周佛海也說：「肯定是劉少奇派她專門找我的。告訴她，絕對安全。」於是，楊宇久來了，在周家華麗的客廳內，和周佛海、楊淑慧進行了長談。周佛海首先開口：「宇久，你不必瞞我，是少奇派你來找我的。你今後來去自由，一切安全。不過，我是共產黨的叛徒，談得攏嗎？」楊宇久笑笑說：「共產黨現在講統戰政策，只要姐夫能為人民做事，過去的事就不談了吧！」周佛海說：「宇久如此爽直，我十分欣慰。我的日子也不好過，日本人

周佛海

的飯不好吃呢！你就談具體任務吧，只要我能辦到的，無不照辦。」「姐夫，這次不是有具體的事來的。少奇同志叫我來聽聽你有什麼打算，我方可以給你寬裕的迴旋餘地，使你在政治上有個光明的退路。」

既然沒有觸及任何具體問題，談話就在半夜時結束了。楊宇久說，以後自有人會來安排一切。

楊宇久到了上海，向地下黨做了匯報。周佛海眼開眼閉，也不加干涉，還安全禮送她回了蘇北。但此事說來奇怪，以後即再無任何進展，也不知是什麼緣故。

1944 年，當日本將要失敗、周佛海已投入軍統戴笠的懷抱時，共產黨還曾派高級人員馮少白，化名馮龍，冒險到上海找周佛海，希望他認清形勢，在此歷史轉折關頭，能夠悔悟立功贖罪。

周佛海政治投機的秉性難改，各方來客，都要應付，就在湖南路豪華的私宅內會見了馮少白。

馮少白開門見山地說：「日本敗局已定。國民黨腐敗透頂，日子不長。中國的前途，周先生是清楚的。」

周佛海滿臉堆笑：「得人心者得天下，貴黨前程無量。」

馮少白說：「你曾是我黨『一大』代表，和我黨領導人是很熟的！」

周大笑說：「怎麼不熟，毛澤東、周恩來、林伯渠都是老朋友。和恩來最熟，我們同是黃埔軍校教官。」

窮途末路重新尋找救命稻草

談到具體任務時，馮少白說：「日本失敗時，周先生要立大功，我會叫人找你。」會見就此結束。

其實，周佛海早已和蔣介石、戴笠打得火熱。對共產黨，只是虛假敷衍。

當 1945 年 8 月 15 日日本投降時，馮少白曾寫了親筆信，由一個叫章克的人帶來找周佛海。周佛海不見，只收下信。在從南京回上海的火車上，他看了信後，撕得粉碎，撒向窗外，拋盡了共產黨對他最後的挽救。

周佛海為什麼如此死心塌地跟蔣介石、戴笠走呢？

周佛海和蔣介石、戴笠的關係，原本是很深的。周佛海所以再投蔣、戴，是他政治投機的必然結果，原因自然很多。

自從周佛海隨汪精衛投敵後，蔣介石即命令戴笠，將周在湖南的親屬全部逮捕軟禁。周佛海的母親、岳父、妹妹、妹夫等，都關進了軍統特務設在貴州的息烽訓練班集中營，但生活待遇是十分優裕的。周佛海是個孝子，對母親的被捕，耿耿於懷，老早就轉託戴笠照顧。

後來，周佛海母親在息烽病死，戴笠曾代當孝子，開弔祭奠，目的自然是要拉攏利用周佛海。

周佛海在政治上正式重投蔣介石，是在 1941 年 12 月 8 日太平洋戰爭爆發以後。當時周佛海曾歇斯底里地驚呼：「日本完了！我也完了！」

周佛海

　　他在國民黨和共產黨之間，選擇了國民黨。周佛海認為蔣的力量仍比共產黨強，而自己又曾是蔣的心腹，尤其是母親、岳父等都在蔣的手裡。

　　1942 年年初，周佛海即派戴笠駐在自己身邊的軍統特務程克祥，持給蔣介石的親筆信，專程到重慶去面交戴笠轉呈。信中表白了「身在曹營心在漢」的心情，願意力保東南半壁，不落入共產黨之手，以贖罪過。

　　蔣介石對周佛海的來歸心領神會，當即親筆寫了回信：「周君有悔過思改之意，甚佳。但望君暫留敵營，戴罪立功。至於君之前途，將予以可靠保證，請勿慮。」最後署名「知名不具」。

　　周佛海得了此信後好比吃了定心丸，就放手和戴笠合作，把共產黨的挽救拋到九霄雲外去了。首先，周佛海在小舅子楊惺華家中設置了電臺，天天和戴笠通報，由程克祥和另一軍統特務彭壽負責。日本人知道這件事，尤其是軍事顧問川本芳太郎，周佛海已向他全盤托出。

　　日本人為何不干涉呢？原來，自從太平洋中途島海戰美國大勝後，日本步入下坡路，天天想直接和蔣介石談和，結束中日戰爭。現在周佛海和蔣介石恢復關係，日本人求之不得。日本人幻想能架起直通重慶的橋梁。他們哪裡知道這只是周佛海為自己打算的政治投機呢！

　　周佛海按照從前宋子文當財政部長時的辦法，建立了裝

備精良、訓練嚴格的稅警團。

說是「團」，其實是一支有 20,000 人的精銳部隊，接近兩個師。武器都是透過川本芳太郎取得的「三八」式槍械，而且還有小鋼砲等重武器，這是其他偽軍絕對沒有的。

後來，周佛海和國民黨第三戰區進行物資交換，又得來許多連日軍也沒有的卡賓槍和衝鋒槍。自從周佛海和蔣介石恢復聯繫後，戴笠就千方百計要控制這支部隊，密令軍統幹將熊劍東到周佛海處當了稅警團副團長兼參謀長。後來周佛海當偽上海市市長，熊劍東又是保安司令。

提起熊劍東此人，敵偽時在上海十分有名。毒殺「76號」魔頭李士群的大案，就是周佛海、熊劍東按戴笠的密令幹的。日本投降後，熊劍東是漢奸中唯一受到國民黨軍委會公開表揚的人。

周佛海

兔死狗烹軟禁重慶白公館

1945 年 8 月 15 日，日本投降。

8 月 16 日，周佛海在南京出席了陳公博召開的解散汪偽政府的會議。所有大漢奸，個個喪魂落魄，唯有周佛海，篤定泰山，滿心歡喜。為什麼？

周佛海後來在審判時的自白書內寫道：「8 月 12 日，程克祥、彭壽送來戴局長（戴笠）一個電報，內載『委座派做上海行動總指揮，負責上海和滬杭沿線治安』，並指定歸我指揮的部隊，我便遵令就職。」

當時，周的偽職主要是上海市市長，他要急著回上海就任蔣介石委任的新職。但南京必須讓它亂一下，得和陳公博有點小摩擦。汪精衛死後，陳是偽政府主席。他組織了八個方面軍，如龐炳勛、張嵐峰、孫良誠、吳化文等，都是馮玉祥的舊西北軍，倒也有 30 萬人馬，盤踞在中原地帶。

陳公博名義上「掌握」著大軍，實際上全由戴笠密令周佛海以重金收買策反了，陳一兵一卒也調不動。現在日本投降，周佛海第一件要做的事，就是密令以上各部，不聽陳公博的指揮，靜候重慶蔣介石的委任。這樣一來，陳公博就成光桿司令了。

周佛海在離開南京時，還要給陳公博重重一擊。周佛海

手下有個軍統特務周鎬，此時像土行孫一般從地下冒了出來，自稱「京滬行動總隊長」。

周鎬在 8 月 16 日晚上，就動用周佛海財政部的警衛大隊，占領了新街口鬧市區的「中央儲備銀行總行」大樓。同時，逐一逮捕大漢奸。所有這些，周佛海都是知道並默認的。

周鎬的行為，日軍未加干涉。他指揮隊伍，直撲西康路陳公博的住宅，說要逮捕漢奸主席，這也是周佛海點過頭的。

不料，忠於陳公博的「中央軍官學校」學生千餘人，全副武裝趕到，說要「保衛陳主席」，和周鎬的部隊終於發生槍戰，西康路、珞珈路一帶，子彈橫飛，秩序大亂。日本派遣軍司令部受「陳主席」的請求，派兵干涉了。

帶隊的小笠原少佐宣布：「在國軍尚未到達之前，日軍仍有治安的責任。」當即繳了雙方的武器。周佛海財政部警衛隊的槍被繳了，但這有什麼關係，陳公博臭了，南京城亂了，周佛海的目的已經達到。

經此一鬧，南京人心浮動，謠言四起。周佛海又指使自己控制的報紙，攻擊陳公博「擁兵自衛，已成為蔣介石還都南京的障礙」，鬧得陳公博憂心忡忡，坐立不安。

日軍副參謀長今井武夫，是深知周佛海在這場戲中的所作所為的，就決定先讓陳公博到日本躲一躲。陳公博再三考

周佛海

慮，自知鬥不過周佛海，就帶著情婦莫國康和其他大漢奸等，乘飛機到日本去了。後來，陳公博被引渡回來，1946年被槍斃。

從地下冒出來的，除周鎬外，還有偽軍司令任援道。他的頭銜是「先遣軍總司令」，也是戴笠封的。任本是八個方面軍之一，早被周佛海的金彈打倒。此刻周佛海和任援道分工，任援道管京滬，周佛海管滬杭，成了「親密戰友」。

周佛海唱完這齣對陳公博的逼宮戲，大獲全勝。他心滿意足，在 8 月 18 日回上海，搖身一變，去當他的「行動總指揮」了。

日本投降時，戴笠和杜月笙已在浙江淳安。時局變化如此之快，他們擔心新四軍會近水樓臺先得月，開進上海。除急令周佛海、任援道力保京滬安全外，還叫杜月笙最得力的門生、CC健將陸京士，持戴笠的親筆信星夜來滬找周佛海。

戴笠的信是這樣寫的：

佛海吾兄賜鑒：

敵已向同盟國提出答覆，願立即停戰並解除武裝。在此局勢急轉直下之時，京滬治安，甚關重要。弟已呈准，上海由兄聯絡各方，共同負責，而由兄主其事。請兄於此緊急艱巨之時期，對任務能秉承領袖之意志，鼎力以支持之也。

今後一切，當由弟負責。專此致頌大祉。

弟戴笠手上

周佛海接到信後，立即成立「上海行動總指揮部」，搖身一變，大漢奸成為從地下鑽出來的抗戰英雄了。上海的老百姓竊竊私議，都被搞得稀里糊塗。但這與周佛海何干，他從漢奸上海市市長變成「總指揮」、「總司令」，他要在上海「行動」了。

「行動總指揮部」由周佛海的心腹羅君強、熊劍東任副司令，下設參謀處、調查處、政法處、軍法處、宣傳處等，機構龐大，五臟俱全。

周佛海身邊兩個軍統小人物程克祥、彭壽，奉戴笠之命，擔任正副祕書長。頂多過了 10 天，周佛海就發現，這兩個小人物抓了全部大權。他們代表戴笠，把周佛海架空了。周佛海掛了個名義，成了空心大老官。

但治安的責任卻是要周佛海負的。周佛海得到兩位祕書長同意後，杭州由周佛海的心腹、偽浙江省省長丁默邨負責。周佛海近兩萬人的稅警團，布置在上海四郊和滬杭沿線。

周佛海還把軍事顧問川本芳太郎請來，和上海日軍中支那派遣軍第十三軍（代號「登」部隊）達成協議，日本陸軍進駐浦東沿海及郊縣一帶，和稅警團一起，嚴防新四軍入城。

當時中國共產黨確曾一度要接管上海，後經毛澤東再三斟酌後放棄。「登」部隊張貼布告說：「奉上司命令，執行治

周佛海

安任務。如有妨礙日本行動者，將認為系不服從蔣委員長命令，予以最嚴厲處置。」

程克祥、彭壽也不請示周佛海，就四處貼出布告，嚴禁造謠生事，武裝挑釁，保護日僑，違者重罰。布告的具名卻是「總指揮」周佛海。周佛海好比啞巴吃黃連，有苦說不出。

局面初定以後，程克祥、彭壽就開始捉漢奸了。醉翁之意，全在「房子、車子、條子、女子、票子」，是為「五子登科」。戴笠將來上海，就用不到周佛海這個「總指揮」了。狡兔死、走狗烹，自古亦然。周佛海自知沒趣，憂慮重重。

程克祥對周佛海說：「總指揮就到儲備銀行辦公，準備移交吧！這裡有我們，您盡可放心。」

周佛海很識相，擔著個「總指揮」的名義，卻天天到銀行去上班。堂堂一個「儲備銀行」，一點金銀不留，不好交帳。於是，周佛海絞盡腦汁，總算留下點財寶，面子上得以過關。

根據後來周佛海在供詞中說，向重慶「中央銀行」來客移交了黃金 50 萬兩，美金 550 萬元，白銀 760 萬兩，銀元 33 萬元。

作為汪偽的「國家銀行」，只有這些「儲備」，無非自欺欺人，矇混過關而已。

不久，杜月笙回來了，全副美式武裝的「第三方面軍」

空運到了，戴笠也在９月來上海了，還要周佛海何用呢？周佛海的「行動總指揮部」宣布結束。他就索性待在家裡等候命運為他安排的苦酒。

戴笠天天在湖南路周佛海家吃晚飯，和周佛海談至深夜，熱情勝過親兄弟。

平心而論，他對周佛海，內心是矛盾的：既要保周佛海政治上度過難關，找一個好向世人交代的萬全之策，又要對周佛海在敵偽時搜刮的財產覬覦巧取，占為己有。

每天晚飯後的談話，幾乎都涉及周佛海和其同夥丁默邨、羅君強等的前途問題。戴笠總是哈哈大笑說：「有我在，你們就有前途。這是個政治問題，不是法律問題。政治上來個聲明就可以了，何況你們又為黨國做了不少事。放心吧，絕不會判刑。」有一次，周佛海提到蔣介石給的親筆信。戴笠說：「委座知道的，常提起你，說東南一帶，多虧佛海，才未落入共產黨之手。但你切不可對外人多講，委座知道就不好辦了。」戴笠說得情真意切，周佛海深信不疑。此時，軍統特務大捉漢奸，搜刮錢財，這是「劫收」的重要內容之一。

捉來的人先關在吳四寶的住宅，後來移押「楚園」。

此時的漢奸們，真是人人自危，草木皆兵，惶惶不可終日。戴笠口蜜腹劍，面帶笑容對周佛海說：「老兄目標太大，這一陣兒就請不必外出，在府中韜光養晦，專候委座的

周佛海

佳音就是了。」

　　周佛海是個宦海浮沉老手，已經感到大事不妙。9月下旬的一天，戴笠興沖沖踏進周公館，高聲嚷嚷：「佛海兄，好事，好事呀！」正在「韜光養晦」的周佛海聽到戴的叫聲，急忙下樓，將戴笠請進書房，愕然地問：「雨農兄，什麼好事呀？」戴笠背靠沙發，仰面大笑：「老兄等到了！委座來電，要召見你，天大的好事吧！」周佛海滿心狐疑：蔣介石正要在重慶和毛澤東談判，這種時候，怎麼會召見他呢？但周佛海深知戴笠的性格，戴笠決定的事，不會更改。周佛海知道此去凶多吉少，大為不妙，但他還是問了一句：「什麼時候走？去多少天？」

　　「9月底動身，至於去多久，那要等見過委座再看了。」戴笠仍是滿面春風，但心裡明白：周佛海犯疑了，趕快動手，搬走了周佛海，還要調走楊淑慧和周幼海，這齣戲不大好唱呢！

　　第二天，大漢奸丁默邨、羅君強也吵著要去，說想見見委座。戴笠心中好笑：「你們去幹什麼呢？我又不想挖你們的金山！」但反正都是籠中的雞、網裡的魚，就不假思索地說：「那好，一起去吧！」1945年9月30日一早，周佛海和丁默邨、羅君強、內弟楊惺華等，由戴笠親自陪同，乘專機到重慶去了。

　　周佛海等到重慶後，即被送到楊家山戴笠的私宅。楊家

山、磁器口一帶，是軍統和「中美合作所」的集中營所在地，有名的白公館、渣滓洞，都在這裡，江姐就犧牲於此。

周佛海當然不進監獄，生活招待是一流的。戴笠說：「休息幾天，靜候委座召見。」不一會，總務科長夏禎祥跑來，畢恭畢敬地說：「周先生，要什麼儘管吩咐，但請勿外出，不要和熟人通電話。」周佛海腦子「嗡」地一響，自言自語說：「軟禁了！」當晚，周佛海就心臟病復發，送進了美國人辦的「四一醫院」，病房兩大間，設備華麗至極。戴笠來了，對周佛海說：「這是最好的醫院，安心養病。」戴笠坐一會兒就走了。戴笠從醫院出來，心中暗喜，已生出一條妙計，可以把楊淑慧和周幼海騙來重慶了。第二天，戴笠就飛往上海。晚上，湖南路周公館內燈光通明，客廳中坐著戴笠、楊淑慧和周幼海。

戴笠開門見山地說：「佛海一到重慶，舊病復發，現在住入第一流的醫院了。我特此專程來上海，告訴嫂夫人和周公子。」戴笠滿面春風，楊淑慧一臉愁雲，周幼海漠不關心。戴笠又笑著說：「佛海的病，不知何時可癒。他很想念你們，要請嫂夫人去探望他。我想，嫂夫人去一趟也好。醫院裡雖有護士，總不及親人照料得周到。淑慧嫂，你看可好？」楊淑慧心亂如麻，待在那裡，未作回答，心中暗忖著丈夫的病，也懷疑戴笠在搞什麼鬼。

客廳裡沉默了幾分鐘，戴笠笑了：「淑慧嫂，你怎麼

周佛海

啦？去不去呀？」「去，去，佛海有病怎麼能不去！」楊
淑慧知道，戴笠決定的事是無法抗拒的。接著，她又回一
句，「戴局長，何時走呢？」「我很忙，說走就走，就乘我
的專機。」戴笠要把這個厲害的女人打發得越快越好。楊淑
慧聽後，一言不發。輪到周幼海了。戴笠轉過頭來，對周
幼海說：

「幼海，你不和媽媽一起去看看父親嗎？他一直想念
著你。」周幼海一聽，立即頂了回去：「母親去了，我可不
去！」「你不是一直想到大後方去嗎？現在去看看，豈不正
好？」戴笠臉上的笑容已減了一半。「我不去！要去也以後
再說。」周幼海顯然不知天高地厚。戴笠的臉立即沉了下
來：「你要知道，我要人幹什麼事，沒有人敢違抗我的意
志。」「我不是你的部下，不必執行你的命令。」周幼海又
頂了一句。「好好，你不去，現在就跟我走！」戴笠要動真
格了。這時，客廳裡的氣氛十分緊張，楊淑慧哭了：「幼
海，去吧！」周幼海知道闖禍了，就說：「去就去，但行動
要有自由。」戴笠又笑了，換了個話題：「你的名字要改一
改，不要讓人知道你是周佛海的兒子。」周幼海已怒目相
對。楊淑慧害怕極了，馬上說：「改一改也好，幼海，你就
叫周祖逵吧！」周幼海感到莫名其妙。第二天一早，汽車來
了，將楊淑慧和周幼海接到機場。戴笠等在那裡，朝周幼海
笑笑說：「我就喜歡聽話的孩子，這樣不是很好嘛！」飛機

向重慶飛去，戴笠的心卻留在上海。他要馬上回來，向周家的財富開刀。飛機到了白市驛機場，楊家山的總務科長夏禎祥已在恭候。戴笠關照，將周幼海母子送到「四一醫院」，好好招待，自己就進城去了。從此，戴笠再未去看過周佛海，雖周佛海一再寫信，戴笠也不理。當楊淑慧和周幼海走進豪華的醫院病房時，周佛海一見就目瞪口呆，沉默半晌後說：「你們怎麼來了？誰叫你們來的？」周幼海搶先說：「戴笠叫媽媽來照顧你的，莫名其妙，把我也逼來了！」周佛海一聽，心中打鼓，不安地朝妻子說：「雨農不安好心，要把我們一網打盡！」

楊淑慧定了定神說：「戴笠在上海逼幼海走，我已猜著七八分。沒有別的，要我們的錢。不怕他，我早有準備。房子搬不動，但珠寶黃貨，早已進了美國銀行保險箱。蔣老頭子那封親筆信，我已鎖入香港匯豐銀行保險庫。佛海，你別怕，他戴笠是天王老子，也無辦法。」

楊淑慧的潑辣厲害，於此可見一斑！

周佛海病好以後，被送回白公館，和丁默邨、羅君強住在二樓，招待優裕，設備一流，就是獨缺自由。周幼海住在樓下，允許他和父親見面，但不得外出，不得打電話，也被軟禁了。

周幼海在回憶白公館的軟禁生活時寫道：「生活是很優裕的。可以下棋、打牌、唱戲，可以看重慶出版的所有報

周佛海

紙，包括《新華日報》。每天吃的是八菜一湯，大魚大肉。過陰曆年時，還有整桌酒席。」

一個月後，戴笠放楊淑慧回上海了，周幼海則不放。

楊淑慧臨走時對周佛海說：「這可見戴笠鬧騰了幾十天，除房子、車子外，一無所獲，所以要我回去，想榨我的油。放心，我來個以軟克硬，一毛不拔！」

周幼海常到樓上和父親聊天。他雖厭惡周佛海，但在全封閉的白公館內，還有誰好談呢？除了特務，還是特務。一次，談到周幼海的前途，周佛海說：「你還是去美國讀書好。」周幼海經過此番劫難，又成熟了許多，說：「你們管住我二十多年了，現在不要再管，我要走自己的路了。」什麼路？周幼海不說。他看清了國民黨的真面目，心中已仰慕共產黨。

1946年3月17日，戴笠在南京附近的一處叫「困雨谷」的山峰上墜機身亡。戴笠字雨農，死在困雨谷，可算天亡斯人。消息傳來，楊家山的大小特務，亂作一團，像煮開了一鍋粥。

最著急的，要算周佛海這些大漢奸了。周佛海十分了解戴笠，撈進金錢才能保障政治。現在保護神一死，指望落空。周佛海對同室的大漢奸們驚呼：「雨農死了，我也完了！」

後來，周佛海在他的《獄中日記》中寫道：

三月中旬忽閱報，謂其墜機身死，為之憂慮不置。蓋余之身家性命，渠曾立誓保護。今如此，則前途殊可憂也。

周佛海當時「憂」得沒錯。等著他的是人民的聲討和法律的審判。至於丁默邨等，就更不必說了。白公館內祕密傳言，戴笠是被蔣介石除掉的，因戴笠的權力太大，已成蔣介石的障礙。周幼海有一天問父親：「蔣介石真能殺害戴笠嗎？如此忠實的鷹犬，也要處死？」

周佛海長嘆一聲說：「按照蔣的個性，完全有這種可能。還是那句老話：飛鳥盡，良弓藏；狡兔死，走狗烹。雨農的死，將成千古一謎。蔣是慣於作謎的。」

無論怎麼說，戴笠的死，對周佛海和周幼海都是人生的轉折點，父子恩仇，各有千秋，不久就要顯露出來了。戴笠死後不久，毛人鳳按蔣介石的任命，坐了軍統第一把交椅。周佛海等倒很有自知之明，發表了一個聲明，想要作為政治問題解決，顯然不可能了。賴在白公館，靠山已倒，也非長久之計。倒不如法律審判來得爽快，伸頭一刀，縮頭也是一刀，照目前這樣拖著，總不是辦法。更何況《懲治漢奸條例》已經公布，這一關已是難逃。所以，周佛海寫了一封信，要求法律結案。

毛人鳳到白公館來時，周佛海當面交上這封信。但毛人鳳就是不接，還像真的一般說：「你的問題，要等委座召見後才能決定，放心吧，沒有事的。」

周佛海

周佛海被弄得稀里糊塗，不可不信，不可全信，只能等著再說。

但對周幼海的軟禁，周佛海一直有很大意見，現戴笠已死，不可不提，就嚴肅地對毛人鳳說：「毛先生，我兒子周幼海，在白公館已經七個月了，有這個必要嗎？請即放他出去」。

毛人鳳是一口答應了，但提出了條件：一是出去後不能去看周佛海的老朋友；二是不能回上海，只能去成都，而且，要有人擔保。周佛海請在侍從室時的老朋友、軍統高級幹事胡靜安做保，胡靜安同意了。

軍統同意釋放的當晚，周幼海和父親進行了一次長談。周幼海坦率地承認自己傾向共產黨，想走這條路。周佛海也懊悔日本投降時拒絕了中國共產黨的幫助。

最後，他對兒子說：「你自己去闖蕩吧！」

第二天一早，東方還未發白，周幼海獲釋了，被軍統特務用小車送到重慶郊區一座客棧暫住，勒令他立即去成都。周幼海在特務監視下，只好走了，說是去華西壩大學讀書，其實是去找同學肖孟能，另覓出路。

軟禁七個月後的周幼海，終於自由了。

周幼海一到成都，就找到肖孟能，要他設法買回上海的機票或船票。肖孟能是國民黨中央委員肖同茲的兒子，會有辦法。

周幼海在成都住了二十多天，突然神不知鬼不覺地回到重慶，去了曾家岩中國共產黨辦事處。

在辦事處，他要找董必武或周恩來，因周佛海和他們過去極熟。祕書出來接見，兩人進行了一番對答。

祕書對周幼海說：「你是周佛海的兒子吧！什麼事？請說。」

「我想見董必武伯伯或周恩來伯伯，我要到延安去。我被戴笠關了七個月，剛剛放出來呢！」「噢，你要到延安去，不簡單。但不行啊，周先生，什麼組織介紹也沒有，怎麼接受呢？」「我見董伯伯、周伯伯說去。」「他們忙極了，不會有空。這樣吧，我負責轉告，一有消息，就通知你。」闖曾家岩的一幕，就此結束。周幼海初次出馬，沒有成功，他明白了，先要找到黨組織才行。周幼海回到上海。湖南路周家早被軍統特務占了，楊淑慧暫時住在盛宣懷的兒子盛老三家。母子見面，相互嘆息，痛罵特務不止。幼海在同學的幫助下，不久就投奔了共產黨。

周佛海

接受審判鐵窗之內了餘生

　　周佛海在白公館一再要求司法審判，政治解決的幻夢徹底破滅了。

　　1946 年 7 月中旬，毛人鳳跑來說：「好吧，收拾一下，到南京去司法解決。」

　　周佛海很高興，自以為替蔣介石、戴笠做過不少事，法律上至少也可將功抵過。但不知為何，又拖了很久，直至 9 月 16 日，軍統才將周佛海、丁默邨等用飛機送到南京。

　　周佛海等先被關在南京寧海路軍統看守所，生活上依舊優待，飯菜都是酒樓送來的。

　　9 月 23 日，周被移押到老虎橋法院看守所。這是一座小洋房，內有花園，放風時還可散步。周佛海被關在「忠」字監，和丁默邨、羅君強同住。但伙食已是犯人的規格了，周佛海終於正式過監獄生活。

　　周佛海在重慶時，就寫好了很長的自白書，內容全是表功，說明自己做了許多有利於抗戰的事，功比天高，足可抵過。

　　9 月 21 日，南京高等法院檢察官已到軍統看守所提審過一次，周佛海即交了自白書，一口咬定自己在 1942 年早已向軍統自首，有戴笠的信件可以作證。

移押法院看守所後，9 月 24 日、25 日、26 日接連提審。審訊員告訴周佛海：「罪行嚴重，拋棄幻想。」

這樣一來，周佛海和丁默邨等就有些惴惴不安。大漢奸繆斌也替蔣介石做過不少事，但在 5 月間第一個被槍斃了！接著，陳公博、褚民誼等接連被處決，他們對蔣介石也是多少有功的。丁默邨雖是特務魔頭，但膽小如鼠，天天向周佛海嘮叨：「老頭子恐要一鍋端，死定了！」周佛海也坐立不安，但自忖還有蔣的親筆信這張王牌。但大漢奸繆斌也是有的呀，他為什麼會被槍斃？周佛海茫然了，無以自答。國民黨司法界的內幕十分複雜。負責周佛海案件的高等法院推事金世鼎和檢察官陳繩祖，幾經密商，計劃要判周佛海死刑。

當然，這是得到最高當局暗示的。蔣介石侍從室傳來口諭，要嚴厲肅奸，不管任何人，不得從寬。而社會上也盛傳，周家有錢，已重賄法官，可免一死。主辦案件的金世鼎和陳繩祖，錢哪有不要，只是周家的錢太燙手，拿不得，何況周家也未開後門來「獻寶」。所以，周佛海自以為「功高蓋天」，但還未審判，就已被定了個死罪！

楊淑慧使出她渾身解數，忙得不可開交。她確信丈夫立過大功，又一直是蔣介石的親信，可以免罪。現在最要緊的是金錢鋪路，打好官司。為了取得大量有利於周佛海的證據，楊淑慧不惜重金，到處送禮。在所有的大漢奸中，證據最多的，要數周佛海了，包括杜月笙寫的證明不下 30 多

份。楊淑慧什麼都想到了，就是沒有想到塞法院的洞。在大量閃閃發光的黃金前，法官也許會怦然心動的，但楊淑慧失策了。

楊淑慧花重金聘請章士釗、王善祥、楊家麟三位著名律師，負責辯護。但楊淑慧縱有通天本領，過不了蔣介石這一關也不行。

1946 年 10 月 21 日，國民黨南京高等法院在朝天宮寬敞的大成殿內，布置法庭，公審周佛海。

一早，朝天宮內外就密布憲兵法警，三步一崗，五步一哨，氣氛緊張。儘管如此，旁聽者還是來如潮湧，不到 9 時，已經擠得水洩不通，連兩邊窗檻及圍廊裡也全是人了。

上午 9 時 30 分，公審開始。由院長趙琛任審判長，推事葛之覃、金世鼎，檢察官陳繩祖，都是司法界的名流，加上響噹噹的三位辯護律師，像唱戲一樣，名角如雲。

律師提供的有利於周佛海的證明是大量的，有軍統的，陸軍總司令何應欽的，第三戰區司令顧祝同的，「黨皇帝」吳開先的，上海市黨部的……

但軍統毛人鳳大概因為沒有拿到楊淑慧的大金條而昏了頭，在證明周佛海有功後，又有一封公函，說「完全是對漢奸在策略上的利用」，前後矛盾。

審判開始。官樣文章般問過一通後，就進行辯論。法官、檢察官、律師和被告唇槍舌劍，車輪大戰，拖了近五個

半鐘頭。

辯論集中在「通謀敵國」上，檢察官一口咬定，被告出賣國家，所謂立功，不足抵罪。周佛海說了大段表功的辯詞，滔滔不絕，竟達一小時之久。

周佛海在後來的《獄中日記》內寫道：

檢察官控告通謀敵國，圖謀反抗本國。余謂，上半段為通謀敵國，圖謀挽救本國，因歷述動搖日軍士氣，淆混日本國民各謀略以及妨礙日軍各種行動等。後半段應為通謀本國，圖謀反抗敵國，因詳述與中央聯絡後如何營救抗戰工作人員，如何刺探敵軍軍情等。

甚至，連戴笠密令毒殺「76 號」魔頭李士群一事也搬出來了。周佛海在庭上說：「戴局長有電，處死李士群。後和華中憲兵司令部科長岡村商量，予以毒斃。」

周佛海說得額頭冒汗，手舞足蹈。

辯論快終結時，已經夕陽西下。這時檢察官陳繩祖站起身來，舉手搖著幾張紙，聲震屋宇般喊道：「這裡有蔣委員長侍從室和軍統局的公文，對周犯所稱功勞及勝利時委派為上海行動總隊司令一事，完全是一時利用！」

輕飄飄的兩張信紙，也不知是真是假，就將周佛海的表功全部否定了。旁聽的人群一陣騷動，審判長不斷搖鈴，提醒肅靜。周佛海也有點心慌，但馬上鎮靜下來，心中暗忖：我還有老蔣親筆信這張王牌呢！

周佛海

審判長宣布辯論結束，定期宣判後，這場鬧劇暫時落下帷幕。

周佛海雖經檢察官重重一擊，但仍精神亢奮，陶醉於自己的表演。回監房後竟然忘形地寫了一首歪詩：「六年險苦事非常，欲挽狂瀾願幸償。舉國紛紛論殺宥，萬人空巷看周郎。」

11月7日，晴天霹靂，高等法院以「特定第三四六號特種刑事判決書」，判處周佛海死刑。楊淑慧一聽，三魂出竅，六魄飄蕩，頓時目瞪口呆，周佛海真的要等槍斃了嗎？

楊淑慧當然立即上訴，但1947年1月20日被最高法院駁回，死刑原判。按照國民黨的法律，還有最後一條路，就是家屬向司法行政部提出抗告，但仍被駁回。

滿城爆竹，聲聲響在楊淑慧心頭，因為抗告駁回24小時之內，丈夫隨時可以槍斃。

楊淑慧大冷天渾身汗淋，顧不上忌諱禮節，當夜就闖進了蔣介石侍從室機要祕書陳方的家。陳方是丈夫的老朋友，又能隨時見到蔣，不會坐視不救。

陳方見她頭髮蓬亂，臉色刷白，知道定有急事，馬上進入客廳說：「周太太，定定神，慢慢地說。」

楊淑慧也不哭，一副豁出去的樣子：「抗告駁回，佛海隨時可以槍斃。如果蔣先生一定要殺他，就殺吧！我馬上到香港，將蔣先生的親筆信向海內外公布。這是個政治道德問

題，看今後還有誰肯替蔣先生賣命！」

陳方一聽，也著了慌，連忙說：「蔣先生早已說過，沒有他點頭，任何人不得處決佛海。法院如要執行，肯定先要有文到侍從室，我一定壓下。我以生命擔保，佛海不會死。明天年初一，我向蔣先生拜年，一定提醒他處理佛海的事。周太太放心吧！」

陳方言盡於此，楊淑慧只得半信半疑地走了。天寒地凍，朔風凜冽，她聽著遠近爆竹，萬箭穿心。

年初五一過，毛人鳳突然找到楊淑慧，說蔣介石召見她。她到了官邸，陳方領她進去，只見蔣介石早端坐在客廳裡了。她一見蔣介石，眼淚就簌簌地流了下來。她趕忙跪倒在地，什麼話也說不出來，只有陣陣抽泣悲咽的聲音在四周蕩漾，氣氛悲切。

楊淑慧以無言代替千言萬語，事至如今，說話是多餘的。

蔣介石皺著眉頭，打破沉默說：「這幾年來的東南淪陷區，還虧了佛海，一切我都明白。起來，安心回去吧，我會想辦法的。讓他在裡面休息一兩年，我一定放他出來。」

楊淑慧終於吃了定心丸，輕輕地又磕了幾個頭，就站起來走了。從頭到尾，一言未發。

楊淑慧以忐忑不安的心情等著，時間是一秒一秒挨過去的。周佛海既沒有被槍斃，蔣介石也未見動靜，這葫蘆裡到

周佛海

底賣的是什麼藥呢？楊淑慧身心煎熬，度日如年。

直至 1947 年 3 月 26 日，蔣介石才以國民政府主席的身份，發布特赦令。

特赦令說：「周佛海在敵寇投降前後，維持京滬杭一帶秩序，使人民不致遭受塗炭，對社會之安全，究屬不無貢獻。茲依約法第六十八條之規定，准將周犯原判之死刑，減為無期徒刑。此令。」

命令一出，壓在楊淑慧心上沉甸甸的石頭落地，丈夫性命到底保全了，「讓他在裡面休息一兩年」，就可以出來重整旗鼓了。這是國民黨對漢奸發布的唯一的特赦令，來之不易，周佛海終於死裡逃生。

周佛海逃脫一死，喜出望外，但慶幸之餘，惦量一下「終身監禁」的分量，想起將要在監獄裡打發未了的歲月，看看四周的破壁，陰森森的鐵柵欄，還有苦於下嚥的飯菜，再憶起位於上海西流灣 8 號的自己公館裡的風景和養尊處優的生活，一種說不盡的淒涼、哀怨、憂傷、絕望頓時湧上心頭。

1948 年 2 月 28 日，在一陣哀號之後，周佛海口鼻流血，斃命於老虎橋監獄。

陳璧君

陳璧君

一見鍾情誓死追隨夢中情人

陳璧君 1891 年生於馬來西亞檳城一個華僑富商家庭。她 15 歲時在當地華僑小學畢業，隨後進入當地的璧如女校讀書。

陳璧君聰明好學，學習成績一直都很好，而且從小對政治十分關心，還在華僑小學讀書時，就喜歡閱讀思想性書刊，受到了民主革命思想的熏陶。

陳璧君進入璧如女校的這一年，孫中山由日本來到馬來西亞檳城，建立了同盟會分會。陳璧君積極參加同盟會的活動，表現出很高的愛國熱情。

同盟會分會在馬來西亞剛剛成立，非常需要吸收新的成員，幾個老會員見陳璧君熱情高，活動能力也很強，便將她招募為會員。於是，陳璧君成為同盟會中最年輕的會員。

同盟會所有活動都是祕密的，陳璧君不敢將她加入同盟會的事告訴父母。後來，她母親見她成天與一些成年人在一起忙忙碌碌，學習成績也下降了，便產生了疑心。經再三詢問，陳璧君便將她參加同盟會的事情告訴了母親。

陳璧君的母親衛月朗是廣東番禺人，早年與陳璧君的父親一起到南洋謀生，是一個性格開朗、知書達理、深明大義的女性。衛月朗沒有過多地責備女兒，她認為女兒參加一些

社會活動，對成長是有好處的。女兒願意加入同盟會，就放心讓她去做吧！

陳璧君的父親陳耕基是當地有名的富商，他對幾個孩子的教育非常重視，除送他們進當地最好的學校讀書外，還從國內請了一位國文老師教授中文。當他知道陳璧君加入同盟會的事後，十分生氣，堅決反對。

他說：「一個女孩子，不好好讀書，成天和一些男人們在外邊東奔西跑，像什麼話！」

為此，衛月朗與丈夫發生了爭執。她說：「我們對同盟會的情況一點也不了解，怎麼能隨便責怪女兒呢！孫中山先生就在檳城，我們可以當面問問孫先生，聽聽他的意見再做決斷也不遲呀。」

於是，衛月朗帶著陳璧君來見孫中山。孫中山熱情接待了陳璧君母女倆。他向衛月朗介紹了同盟會在日本和東南亞一帶開展活動的情況，向她講了一些革命的道理。

他說：「夫人，為什麼我們泱泱中國，屢屢遭受外國列強欺負；為什麼我們中華民族如此災難深重，那麼多人背井離鄉來南洋謀生？就是因為清朝政府黑暗、腐敗、愚昧，貪官汙吏上下勾結，欺壓百姓，魚肉人民。如果再不起來造反，我們的國家就會滅亡，我們的民族就會遭滅頂之災。眼下，我們要鼓吹大眾，團結起來，推翻清朝，建立共和，實現民族、民權、民生三大主義。只有這樣，老百姓才能過上

陳璧君

好日子，我們的國家才會強大。祖國強大了，民族興旺了，我們這些在海外的華僑，才能抬頭挺胸，揚眉吐氣呀！」

一番話說得衛月朗連連點頭。

沒過多久，衛月朗不顧丈夫的反對，也加入了同盟會。母女兩人一起加入同盟會，這在當時極為少見，一時被傳為佳話。

1910 年元旦，北京琉璃廠馬神廟胡同內，「守真照相館」在一陣「噼噼啪啪」的爆竹聲中開張了。幾個穿著時髦的年輕人，跑前跑後，張羅著照相館的生意。

照相在當時來說，是件非常新鮮的事兒，北京城內總共也沒有幾家照相館。可是守真照相館開業後，生意並不是很好，來照相的人不多。可這幾個年輕人似乎並不在乎，一副姜子牙釣魚願者上鉤的姿態。

原來，守真照相館是革命黨人設在北京的一個祕密機構。這幾個年輕人，就是同盟會成員汪精衛、黃復生、羅世勛、陳璧君等人。

還在檳城璧如女校讀書時，陳璧君就經常在同盟會的機關報上看到筆名叫「精衛」的人寫的文章，如《民族的國民》、《駁革命可以瓜分說》等，這些文章寫得非常好，說理透徹，文筆犀利。陳璧君非常佩服作者的洞察力，萌生了想見一見他的念頭。她把這個想法告訴了同盟分會會長吳世榮。

一天，吳先生急匆匆地找到陳璧君，對她說：「汪精衛先生到了檳城，就住在我家，你不是想見見他嗎？」

「是不是那個寫文章的『精衛』？」陳璧君問。

「正是！『精衛』是他的筆名。」於是，陳璧君隨吳先生趕往他家。

在吳世榮家裡，陳璧君見到了汪精衛。汪精衛個子不高，濃黑的眉毛下，一雙大眼炯炯有神，那身得體的白色西服、鮮紅的領帶，更映襯出不凡的氣質。陳璧君一見鍾情，愛上了這位慕名已久的才子。

沒過多久，她鼓起勇氣，向汪精衛寫了一封求愛信。沒想到卻遭到汪精衛的婉拒。

然而，陳璧君每當看到汪精衛那風流瀟灑的儀表，聽到他那口若懸河的演說，都不由得勾起她愛慕的初衷，於是又加強對汪精衛的進攻，拿文章請汪精衛修改，拜汪精衛為師，請汪精衛教她作詩填詞。

相處時日一多，汪精衛漸漸與陳璧君有說有笑，不拘行跡了。陳璧君為了將友情轉變成愛情，不是找機會請他吃飯，就是讀書。漸漸地，汪精衛對此有了警惕。當時他這個熱血青年反清志士，正準備進行一次驚天動地的行動，並決心犧牲自己，覺得不能陷入兒女私情。

不久，汪精衛為做「劇烈行動」的準備離開日本前往香港。這樣也就擺脫了和陳璧君的感情糾葛。

陳璧君

　　原來，汪精衛在家裡已與一位劉姓女子訂過婚。雖然他極力反對，並宣布與家庭斷絕關係，但這門親事弄得他心力交瘁。考慮到參加革命，四處漂泊，居無定所，短期內他不想再議婚事。

　　可陳璧君並不死心。當聽說汪精衛受孫中山之命去了日本，陳璧君也以留學為名，一路追到日本。

　　來到日本後，得知同盟會正為活動經費發愁，陳璧君慷慨解囊，把家裡給她的錢，全部拿出來捐給了同盟會。當時，汪精衛正在組織暗殺團，準備行刺清政要員。

　　陳璧君聽說後，堅決要求參加。開始，汪精衛不同意，看到陳璧君態度堅決，才勉強答應吸收她。

　　聽到汪精衛同意她參加暗殺團的消息後，陳璧君非常高興。她想，這樣她就可以有很多時間與汪精衛在一起了。陳璧君是個辦事非常認真的人，她想，既然參加了暗殺團，就要做出一個樣子來。於是，她四處拜師，請人教她柔道、劍術和槍法，還學習如何製作炸藥。

　　1909 年冬，汪精衛帶著陳璧君，還有黃復生、羅世勛等暗殺團的其他成員，祕密潛回北京。他們以開照相館為掩護，尋找行刺機會。可是，因為保密工作沒做好，汪精衛、陳璧君等人這次在北京的活動以失敗告終。他們的行蹤被清政府發現。黃復生在照相館被捕，汪精衛則在他的住地東北園被清兵抓走。

　　汪精衛被關進刑部大牢以後，少有敢去探望者，唯恐株連。此時，陳璧君卻對汪精衛關切備至。她用金錢買通獄卒，送衣送食，常久不斷。汪精衛見此，深感患難中同志友愛的珍貴，遂於長夜寂寞之時，賦《懷故人》一詩，託獄卒轉交陳璧君。詩云：

　　落葉空庭夜籟微，故人夢裡兩依依。

　　風蕭易水今猶昨，夢度楓林是也非。

　　入地相逢雖不愧，擘山無路願何歸。

　　記從共灑新亭淚，忍使啼痕又滿衣。

　　陳璧君讀到情郎的詩，非常感動，特地繡了一對枕頭，送給獄中受難的意中人。直接向汪精衛表達愛意，有「雖不能生前同衾，也望能死後同穴」等語，還勉勵他「忍死須臾以等待美好的將來」，一片痴情，要求汪精衛立即答覆。

　　身處鐵窗的汪精衛對於陳璧君的一往情深，不得不報以「不論生死契闊，彼此誓為夫婦」的承諾，並且填了一首《金縷曲》贈她。陳璧君得到他同意訂婚的答覆和這首《金縷曲》，幾年來向汪精衛的苦心追求，總算有了結果。

　　未幾，武昌起義成功。汪精衛於 1911 年 11 月 6 日被釋出獄，重獲自由，暫住北京騾馬市大街泰安客棧。陳璧君喜出望外，與汪精衛朝夕相處，情投意合。

　　中華民國成立後不久，陳璧君向汪精衛提出正式結婚的要求。汪精衛回到廣州徵得兄長汪兆鏞的同意。

陳璧君

　　為了婚禮的盛大隆重，汪精衛、陳璧君兩人前往香港購辦應用衣物，順便探望親朋好友。當他們到了方聲洞家中時，得知方聲洞在參加黃花崗之役中壯烈犧牲了。兩人在靈前上香行禮，懷念當年情同手足的情誼，不禁淚下數行。

投敵參政慰問日偽遭遇伏擊

陳璧君是一個參政欲、權力欲很強的女人。她辦事雷厲風行，鋒芒畢露，敢說敢為。誰要是得罪了她，她可六親不認。

嫁給汪精衛後，陳璧君潑辣作風不減，積極為汪精衛出謀劃策，始終把自己的命運與汪精衛緊緊聯繫在一起。

1935 年 11 月 1 日，國民黨四屆六中全會在南京丁家橋中央黨部召開。大會由汪精衛主持，開幕式結束後，全體中央委員來到會議廳門口合影，汪精衛與閻錫山、張學良、林森等人站在前排。

攝影完後，大家正準備返回會場繼續開會，突然攝影記者中躍出一人，只聽「啪、啪、啪」三聲槍響，汪精衛倒在了血泊裡。

陳璧君見狀，撥開人群，趕忙上前施救。她見汪精衛渾身是血，雙眼緊閉，便把他抱在懷裡。此時的汪精衛神志尚清醒，他忍著傷痛，斷斷續續地說：「我為革命……結果如此。我……我……毫無遺憾。」

陳璧君神情鎮定，強忍悲痛地說：「四哥，人必有一死，即使你遇不幸，我們仍要繼續努力，將革命進行到底。」救護車很快趕到，把汪精衛送進醫院進行搶救。汪精

陳璧君

衛最終死裡逃生。

由於汪精衛與蔣介石有著很深的矛盾，「九一八」事變後，雖然蔣介石、汪精衛重新攜手合作，共同推行「攘外必先安內」的政策，但兩人仍是貌合神離。再加上這次合影蔣介石藉故沒有參加，於是引來許多猜疑，認為是蔣介石指使人幹的。

第二天，陳璧君闖進蔣介石的辦公室，怒氣衝衝地質問道：「蔣先生，你不要汪先生幹，汪先生不幹就是，何必下此毒手！」

蔣介石當時確實也不知道刺汪究竟是什麼人幹的，面對陳璧君的質問，臉上紅一陣，白一陣，不好發作，只得安慰道：「夫人息怒，夫人息怒，我一定要查清此事，嚴懲幕後指使者。」

送走陳璧君後，蔣介石把特務頭子戴笠找來，大發了一通火，命令他限期破案。

汪精衛與陳璧君的性格正好相反，他雖然老奸巨猾，深藏不露，但辦事瞻前顧後，柔弱有餘，剛猛不足。因此，巾幗紅顏的陳璧君反而成了汪精衛的保護人，汪精衛在政治上遇到什麼難題，喜歡回家與夫人探討，陳璧君也樂此不疲，積極為汪出謀劃策。

久而久之，陳璧君大事小事均要插手過問，汪精衛在政治上的不少行動與想法，就是出自陳璧君的主意。以致汪精

衛的同黨陳公博曾經議論說:「汪先生離開陳璧君幹不了大事,但沒有陳璧君,也壞不了大事。」

抗日戰爭爆發後,汪精衛與蔣介石再次發生矛盾衝突。汪精衛力主與日本議和,避免中國軍隊與日軍發生正面衝突。汪精衛的漢奸理論,遭到了絕大多數人的反對,國民黨內反汪精衛的呼聲高漲。

汪精衛自知鬥不過蔣介石,便心灰意冷,甚至一度想退出國民黨。

這天,陳璧君見汪精衛回家時,滿臉通紅,神情頗為激動,問及原因,原來蔣介石請汪精衛吃飯時,兩人發生了爭吵。

陳璧君聽說後,氣憤地說:「蔣中正其實也並不想抗日,但他會耍兩面派。他與共產黨合作抗日,其實根本沒有誠心,國共合作遲早是要破裂的。與日本人議和有什麼不好,早日消滅共產黨,減少無謂的傷亡,這不是兩全其美嗎!你不能甘拜下風,要與老蔣鬥下去,大不了也就一死唄!」

在此之前,汪精衛一直想派人與日本人先行接觸,探探日本人的口風,求其支持,必要時與蔣介石決裂。這次,他把這個想法告訴了陳璧君。

陳聽說後,非常支持,並催促趕快行動。沒過多久,汪精衛便派出梅思平、高宗武祕密到上海與日本人接觸。

陳璧君

　　梅、高兩人沒有辜負汪精衛的希望，經過一番討價還價之後，與日本人簽訂了議和「密約」。1938 年 11 月底，梅思平由上海經香港輾轉回到重慶，帶回了與日本人簽訂的「密約」。

　　在是否離開重慶、公開投日這件事上，汪精衛一直瞻前顧後、猶豫不決。可是陳璧君卻態度堅決，極力要汪精衛早日脫離蔣介石，與日本人合作。經過一番掙扎，汪精衛終於邁出投降日本帝國主義的第一步。

　　1940 年 3 月，汪精衛偽政府在南京成立。

　　汪精衛任偽國民政府主席，陳璧君終於如願以償，當上了「第一夫人」。在汪偽政府中，陳璧君任「中央監察委員」，後又兼任「廣東政治指導員」。

　　1943 年 10 月中旬，陳璧君由南京乘小型專機到廣州，為日本效勞，為廣東的日偽軍打氣。據稱，陳璧君到達廣州不久，就迫不及待地要到廣州外圍的東莞太平、莞城和石龍沿線巡視，慰問駐守在此的日軍及偽軍第三十師。10 月 18 日，陳璧君乘砲艇從廣州先到太平，同行的有偽廣東綏靖公署少將參謀長黃克明等。

　　中國共產黨東江縱隊得到情報後，決定伏擊陳璧君，打擊日偽的囂張氣陷。

　　10 月 19 日晚，在厚街的一個叫梁德明的副團長，把陳璧君「將經厚街到莞城、20 日返回廣州」的情報通知了東

江縱隊派駐厚街的幹部黃琴。

據說為了保障陳璧君的安全，當時偽第三十師參謀長從太平親自到厚街，對厚街偽第八十九團副團長白其良耳提面命，要求該團沿途加強警戒，嚴防東江縱隊襲擊。當時梁德明正好在場，第一時間獲得了這個重要情報。

梁德明是王作堯副司令在燕塘軍校時的同學，兼任厚街偽軍第八十九團第一營營長，後來被東江縱隊吸收了，率部隊起義參加東江縱隊。黃琴當時接到情報後，立即派情報交通員王全偷越封鎖線，將情報送到和田情報站。

此時陳璧君一行已到達了莞城。

10 月 20 日凌晨 3 時 30 分左右，東江縱隊第三大隊短槍隊隊長葉鳳生奉大隊長鄔強之命，將情報帶到寮步附近的上屯村，交給大隊政委盧偉如。盧政委立即派第三大隊平南中隊中隊長鄭戈率第三中隊、葉鳳生的短槍隊和大隊的一個爆破隊，由鄭戈指揮，到莞龍公路選擇有利地形伏擊陳璧君。

東江縱隊的同志們一聽是伏擊陳璧君，都非常興奮，個個鬥志昂揚，決心為國除害。

接下來，他們馬上召開了一個簡短的部署會。在會上，他們預計天亮之前可以到達余屋，然後在公路上埋好地雷，地雷一爆炸陳璧君就插翅難飛了。地雷是土製的，有引線，炸藥是從香港運過來的。

陳璧君

　　部署會開了 20 多分鐘，然後他們馬上就出發了。盧政委派他的通訊員帶路。這個通訊員是東莞溫塘人，但沒想到這個通訊員對道路也不很熟悉，七拐八拐的等到達余屋附近的龍嶺、沙嶺、亞婆坑預伏地點時，已是上午 8 時多了，此時天色大亮，已沒有辦法埋地雷了。

　　鄭戈臨時決定在路旁伏擊。他們在余屋附近，找到一段較為彎曲狹窄的路，兩邊都是山。他們占據了東面較高的那座山，前面有一片茂密的甘蔗林。

　　他們打算在甘蔗林隱伏突擊隊，機槍火力隊在山頭制高點。等陳璧君的轎車進入伏擊圈後，以密集的火力殺敵和由突擊隊衝擊殲敵。大隊短槍隊和中隊張錦標小鬼班組成突擊隊主力，葉鳳生任突擊隊隊長，鄭戈和中隊政委李忠帶領機槍火力隊。

　　部隊按照部署分別占領陣地，嚴陣以待。

　　20 日上午 10 時左右，遠處傳來了汽車聲，陳璧君的車隊來了。在前面開路的是兩輛滿載偽軍的大卡車，後面保駕的是兩輛滿載日軍的大卡車，車頭上架了數挺機槍。中間是兩輛小車，陳璧君的車在第二位，是一輛黑色的老式轎車，車身前端較高。

　　偽軍的車進入伏擊圈後，突然停了下來，七八十個偽軍下車散開，開始搜索公路兩側的山頭。其中有四個偽軍端著槍向東江縱隊的火力隊山頭爬上來，這個山頭地勢險要，能

以火力控制公路。偽軍離他們越來越近，看得出偽軍的神情很慌張。鄭戈當時心急如焚，要是被偽軍發現了打起來，陳璧君的車就會調頭溜走。

好在全隊的同志都屏住呼吸，沉著應付。忽然，火力隊埋伏在山腰墳地的警戒哨被偽軍發現了，於是不得已向偽軍開槍。幸運的是，就在此時，鄭戈看見陳璧君的黑色轎車駛進伏擊圈，他馬上下令集中火力打擊偽軍。制高點上的兩挺機槍和各小隊步槍以密集火力射向陳璧君乘坐的轎車。

陳璧君的轎車連中數彈，失去控制，滑向路邊，最後橫著停在公路旁。這時候，搜索開路的偽軍在匆忙中胡亂開槍還擊，緊跟陳璧君轎車的兩輛日軍卡車上的機槍也開始猛烈射擊。八九十個日軍匆匆跳下車散開，一部分占領公路旁的田埂，用火力阻止東江突擊隊衝過開闊地上公路，一部分會同偽軍圍住陳璧君的轎車，拚死保駕。

過了一會兒，日偽軍開始用擲彈筒發射小砲彈還擊，砲彈連續在伏擊的同志們身邊爆炸，日偽軍開始接近設伏山腳，企圖攻占制高點。鄭戈見陳璧君的轎車已經中彈，就命令部隊撤退。

他們撤離必須經過大片開闊地，突擊隊要衝上公路也需要經過大片開闊地，而敵人的兵力比他們多，形勢對東江縱隊非常不利。各小隊用火力相互掩護，交替向桑園方向撤退。整個戰鬥持續了 15 分鐘左右，打死日偽軍 20 多人，

陳璧君

東江縱隊安全撤離，無一傷亡。

陳璧君並沒有被打死，只是受了輕傷，死的是她的司機。她當時和黃克明嚇得鑽在車座下面，逃過一劫。以後陳璧君一夥再也不敢從石龍回廣州，而是退回莞城，再坐船走水路回廣州。回到廣州後，陳璧君十分沮喪，再也不敢到處視察慰問了。

雖然陳璧君沒有死，但是這一仗的影響很大，不光駐守在莞城的日偽軍，就連南京、廣州的日軍和漢奸頭目們都大為震驚。

1944 年 11 月 10 日，汪精衛在日本病死。汪精衛的屍體被運回南京，很快舉行了葬禮。辦完喪事，陳璧君帶著一群親信，回到了廣東。偽廣東省省長此時已換了她的妹夫褚民誼，陳還想憑藉這層關係繼續在廣東的統治。

罪有應得鐵窗之內度過餘生

1945 年 8 月 14 日，日本天皇下詔，宣布無條件投降的消息傳來，陳璧君惶惶不可終日。這天，陳璧君找到褚民誼商議應對之策。褚民誼也似熱鍋上的螞蟻，哪還有什麼高明的主意。

見褚民誼比自己還要驚慌，陳璧君安慰他說：「不要怕，當年我們追隨汪先生的目的是求和平，又不是賣國當漢奸。現在這個目的已經達到，任務已經完成，沒有什麼可怕的！」

下一步該怎麼走，兩人商量來商量去，最後決定向蔣介石獻殷勤，請蔣介石看在昔日一致反共的情分上網開一面。於是，陳璧君要褚民誼向蔣介石發份電報，試探一下蔣介石的態度：

敵宣布投降後，共軍乘機蠢蠢欲動，正三三兩兩潛入省防，不良居心昭然。願謹率所部嚴加防範，力保廣東治安，靜候中央接收。

隔天，陳璧君讓褚民誼又發一電：

汪夫人願為中央效犬馬之勞，誓將廣東完璧中央，盼蔣委員長訓示。

陳璧君

電報發出後，如石沉大海，遲遲不見蔣介石的回音。

廣州城內，到處在捉拿漢奸。陳璧君躲在家裡，憂心忡忡，度日如年。就在陳璧君陷入絕望之時，一位不速之客敲響了褚公館的大門。此人就是大名鼎鼎的國民黨軍統局廣州站主任鄭介民。

鄭介民對褚民誼說：「你給委員長的兩封電報都收到了。此次，我是奉戴局長之命，前來迎接汪夫人與你前往重慶。蔣先生有一封電報要我轉交給你。」說著，取出一份附有密碼的電報交給了褚民誼。褚民誼展開電報，認真讀了起來。

重行兄：

兄於舉國抗戰之際，附逆通敵，罪有應得。唯念兄奔走革命多年，自當從輕以處。現已取得最後勝利，關於善後事宜，切望能與汪夫人各帶秘書一人，來渝商談。此間已備有專機，不日飛穗相接。

弟蔣中正

重行是褚民誼的字。讀完電報，褚深信不疑，非常高興。他問鄭介民：「我們什麼時候可以去重慶？」鄭介民回答說：「重慶的飛機後天就可抵穗，請你馬上轉告汪夫人，做好準備。」褚民誼把這個消息告訴了陳璧君。陳聞訊後，喜出望外，特地讓人上街買了一筐剛上市的鮮桃，準備帶到

重慶，送給蔣夫人。第三天上午，鄭介民通知褚民誼：「專機已到，請與汪夫人下午 15 時等候在原省政府門口，有車來接。」15 時整，鄭介民帶著十餘輛汽車和一夥軍統人員準時到達。他下車後，即宣布：「為了安全起見，每輛車只能坐兩人，其餘座位，由軍統陪送人員乘坐。」

陳璧君與褚民誼安頓坐好後，汽車便出發了。車隊剛出省政府，陳璧君就發現汽車不是朝白雲機場方向駛行，她驚問：「這是去哪裡？」

鄭介民笑著解釋說：「重慶來的是水上飛機，我們這是去珠江邊，先上船過渡，再上飛機。」陳璧君便不再懷疑。

汽車很快來到珠江邊，早有汽艇在此迎候。鄭將陳、褚送上船後，稱有公務不能陪同前往，便將兩人交給一姓何的中校專員，隨後乘車走了。

汽艇剛一離岸，那位姓何的專員就從口袋裡取出一張紙，念道：「重慶來電，委員長已去西安，旬日內不能回渝，陳、褚此時來渝，諸多不便，應先在穗送安全處所，以待後命。」

此時兩人方知中了戴笠的圈套。陳璧君又哭又鬧。汽艇來到江對岸停了下來。陳、褚兩人被押下船，在一棟兩層樓房裡住了下來。大約過了半個月，軍統人員把陳璧君隨身攜帶的貴重物品全部收繳，用一架軍用飛機將陳、褚押往南京，關進了寧海路 25 號看守所。至此，陳璧君開始了她的囚徒生活。1946 年 4 月 16 日，江蘇高等法院以漢奸罪判處

陳璧君

陳璧君無期徒刑。

1949 年春，蔣家王朝行將滅亡。此時，國民黨對在押的汪偽漢奸做出了一項特殊的決定：除已執行死刑者外，凡判處無期徒刑的繼續羈押，判有期徒刑不管刑期多少，一律釋放。按照這個決定，陳璧君仍不能出獄。

1949 年 4 月，蘇州解放。中國人民解放軍全面接管蘇州後，陳璧君從獅子口監獄移解到公安局看守所。上海解放以後，陳又從蘇州解押到上海提籃橋監獄。剛開始，陳璧君對中國共產黨和人民政府有很深的牴觸情緒，拒絕承認自己是漢奸。

9 月，中國人民政治協商會議在北京舉行，會上，宋慶齡與何香凝找到毛澤東、周恩來為陳璧君說情。宋慶齡、何香凝與陳璧君私交很深，1912 年汪精衛和陳璧君結婚時，何香凝還曾做過陳璧君的伴娘。

何香凝對毛澤東說：「汪精衛叛國投敵，陳璧君也跟著一起跑，當了漢奸。但她畢竟是參與者，不是決策者。陳璧君已經在牢裡關了幾年，聽說身體不好，能不能夠考慮到她的身體狀況，對陳璧君進行特赦。」

毛澤東略作思考，回答道：「陳璧君是個很能幹也很厲害的女人，可惜她走錯了路。既然宋先生、何先生為陳璧君說情，我看就讓她寫個認罪聲明，人民政府下個特赦令，將她釋放。」

　　周恩來在一旁說：「那就請宋先生、何先生寫封信給陳璧君，我們派人送到上海監獄，看看陳璧君的態度。」當天晚上，宋慶齡與何香凝便寫了一封信給陳璧君：

陳璧君先生大鑒：

　　我們曾經在國父孫先生身邊相處共事多年，彼此都很了解。你是位倔強能幹的女性，我們十分尊重你。對你抗戰勝利後的痛苦處境，一直持同情態度。

　　過去，因為我們與蔣先生領導的政權勢不兩立，不可能為你進言。現在，時代不同了。今天上午，我們晉見共產黨的兩位領袖。他們明確表示，只要陳先生發個簡短的悔過聲明，馬上恢復你的自由。我們知道你的性格，一定難於接受。能屈能伸大丈夫，懇望你接受我們意見，好姐妹！

　　殷切期待你早日在上海慶齡寓所，在北京香凝寓所暢敘離別之情。謹此敬頌大安！

　　　　慶齡（執筆）何香凝 1949 年 9 月 25 日夜於北京

　　信很快送到了陳璧君手裡。據說，陳璧君接到信後，沉默多時，最後表示拒絕。她提筆給宋慶齡、何香凝寫了回信：

　　共產黨要我悔過，無非還是持蔣政權的老觀點，認為我是漢奸。汪先生和我都沒有賣國，真正的賣國賊是蔣介石。這不用我歷數事實，兩位先生心中有數，共產黨心中有數。

陳璧君

正由於兩位知道我的性格，我願意在監獄裡送走我的最後歲月。衷心感謝你們對我的關心和愛護。

儘管陳璧君頑固不化，監獄裡的管教幹部仍對她進行了熱情的挽救和教育，找她談話，給她報紙和一些政治書籍閱讀，讓她了解時事和馬克思主義的基本理論。在管教幹部的幫助下，陳璧君情緒慢慢緩和下來，她逐漸意識到了自己的罪行。在獄中，陳璧君曾用半通不通的白話文句子這樣寫道：

我初到此處監禁之時，自己一點都不認識自己的錯誤，非常不平，以為是政治上的成敗。

及後，我看了些書後，漸漸了解到馬列主義及毛澤東思想，便心中氣和，後來竟大徹大悟，知道一切的道理。及時讀《解放日報》，加以深深的學習，不但氣平，而且羞愧。

其後另一朋友，送許多進步的書籍、小說、雜誌、文選，更學習了《列寧主義問題》後，便如盲目者忽得光明。不但對於以錯誤見解所做成之點，明若掌上現文。他日幸而改造成功時，重複工作之道路，途徑，亦得深刻認知，及努力的去了解，往往思想鬥爭，至深夜不能睡。加之接受監中之教育之後，更加了然。

1955 年 7 月，陳璧君在一份自白書中又寫道：

我少子來見我，給了數本書，女監也每早九時送報紙給我，後來便求得自己訂一份《解放日報》，我很用心的從它

學習理論和了解人民政府的措施。我便漸漸信服共產黨、毛主席領導下的人民政府的正確理論和用心了。

尤其是我借得《論人民民主專政》的一文，我讀了八遍，不夠，要還給人家，我便將它抄下來。日日看，看了一遍又一遍，我完全了解了。有個姓龍的朋友送了現在這一大批書給我，我便明白了共產黨為什麼勝利，國民黨為什麼滅亡，是一個歷史鐵一般的規律。

陳璧君的身體每況愈下，她除患有心臟病、高血壓外，還因痔瘡、頸部淋巴炎、肺炎等住過醫院，每次住院，短則半個月，長則近一年。後期，她幾乎有一半的時間是在醫院度過的。1959 年 5 月 2 日，陳璧君突然咳嗽、氣喘，心跳加快，被再次送進醫院。

在醫院裡，陳璧君得到了醫護人員的精心治療與護理。醫院請來享有盛譽的中西醫學專家前來會診，先後為陳進行了 15 次血液檢查、3 次 X 光透視、2 次心電圖檢查，最後診斷為高血壓性心臟病、風溼性關節炎、併發性肺炎。當時，國家正遭受自然災害，食品極度匱乏，但為了搶救陳璧君，醫院每天為她準備了高蛋白營養飲食，特別供應牛奶，維持她的營養。

陳璧君自知將不久於人世，便寫了一封信給其子女：

諸兒同閱：

我於本月 2 日因病蒙人民政府在革命人道主義待遇下送

陳璧君

入醫院，現由中西醫會診處方，年近七旬加上病魔糾纏，病況較為嚴重，萬一不幸與諸兒永別，則盼諸兒早日回歸祖國懷抱，以加倍努力工作以報答人民政府挽救我之深厚恩情。吾死別無所念，因你等均已達而立之年，遺憾者未能目睹祖國進入社會主義社會。

你等於5月4日、9日先後匯共兩百港幣已收到，勿念。以後兌款仍寄原址，祝健康！

母字 1959 年 5 月 19 日

陳璧君的身體日漸衰竭，最後因大葉性肺炎引起心力衰竭。1959 年 6 月 17 日，陳璧君死於上海提籃橋監獄醫院，時年 68 歲。

陳璧君的子女在新中國成立前都去了國外，她在上海沒有直系親屬，屍體由其在上海的兒媳之弟收殮火化，骨灰送到廣州。1960 年，由陳璧君在香港的子女派人到廣州認領。

1961 年秋，陳璧君的骨灰由其子女撒入香港附近的

褚民誼

褚民誼

參與建立汪偽政權

　　1884 年，褚民誼生於浙江省湖州府（今吳興區）一個醫生家庭，1903 年，褚民誼東渡日本求學，入日本大學學習政治經濟學。1906 年，隨同鄉張靜江赴法國，途經新加坡時參加同盟會，抵巴黎後，與吳稚暉、李石曾、蔡元培等創辦中國印書局，發行《新世紀月刊》和《世界畫報》等，宣傳反滿革命。

　　1911 年 11 月，褚民誼回到上海。經黃興介紹，結識了汪精衛、陳璧君夫婦，隨後和陳璧君的義妹陳舜貞結婚，成了汪精衛的連襟。

　　1912 年 4 月，褚民誼就任中國同盟會本部駐上海機關部總務長。後來，宋教仁將同盟會等團體改組為國民黨，褚民誼對此失望而於 9 月赴歐留學比利時，在布魯塞爾自由大學學習。

　　1915 年春，褚民誼回上海參加倒袁運動，9 月份再次回到歐洲。後在法國和蔡元培、汪精衛組織華法教育會，以支持中國留學生。此後不久，他成為無政府主義者。

　　1920 年，褚民誼和吳敬恆、李石曾創建巴黎中法大學，任副校長。同年，他赴史特拉斯堡大學學習醫學。

　　1924年，褚民誼獲法國史特拉斯堡大學醫學博士學位。

1924 年末，褚民誼回國，在孫中山領導的中國國民黨內從事教育工作，歷任廣東大學教授、代理校長，同時兼任廣東醫學院院長。

1926 年 1 月，褚民誼在中國國民黨第二次全國代表大會上當選中央候補執行委員，不久又升任中央執行委員。後作為汪精衛的心腹參加黨政活動，成為改組派要人。同年 7 月北伐開始，他任總司令部軍醫長。1928 年，褚民誼赴歐洲研究公眾衛生。歸國後任國民衛生建設委員會委員長。1932 年，褚民誼憑藉和汪精衛的關係，擔任行政院祕書長。一次，汪精衛批閱文件，看到這個祕書長蓋過章的文件裡錯誤百出，勃然大怒，把褚民誼叫來臭罵一頓。

褚民誼丈二和尚摸不著頭腦，一時不知說什麼才好。汪精衛一氣之下，順手一推，將桌上的文件拋得滿地都是，褚民誼慌忙彎腰去拾，當著汪精衛的面，翻來覆去地尋找差錯，但始終找不出來。

後來，還是一位祕書看出，原來那些應該用呈文的公文，褚民誼卻誤用公函了。

還有一次，行政院在新擴建的房子裡開會，各部部長到齊，就剩汪精衛還沒來。不久，隱約聽到院子廁所裡傳來敲擊聲和叫罵聲，原來整個工程偷工減料，廁所的門也是假冒偽劣產品，鎖上了就打不開，把汪精衛鎖在裡面出不來了。

褚民誼作為祕書長，本有監工驗收之職責，可他懵懂糊

褚民誼

塗，全然不清楚。最後還是請了個鎖匠來，才把汪精衛解救出來。

1935 年 11 月，汪精衛遇刺負傷而辭任，褚民誼也一同辭職，而後赴上海任中法國立工學院院長等職務。

1937 年，日軍攻占上海時，褚民誼任職中法國立工學院院長、中法技術學校醫學研究部主任，沒有隨國民政府機構一起西撤。

1939 年 5 月，他受汪精衛邀請，參與建立親日政府的活動，遂成為汪偽政府核心人物之一。同年 8 月，汪精衛在上海召開「中國國民黨第六次全國代表大會」，褚民誼當選「中央監察委員會常務委員」、「中央黨部祕書長」。

隨後，在偽國民黨六屆一中全會上，褚民誼任「祕書長」，成為汪偽國民黨的「總管家」。

1940 年 3 月，南京汪偽國民政府成立，褚民誼任「行政院副院長」兼「外交部長」。同年 12 月，他任「駐日大使」。

在此期間，他屈意奉承日本政府，一些汪精衛都不敢簽的賣國條約，都是由他出面簽署。1942 年，褚民誼受汪精衛派遣，任「訪日特使」前往日本，獲昭和天皇授予一等旭日大綬章。

在汪偽國民政府中，他是和汪精衛、陳璧君接近的「公館派」的一員，一切聽命於汪精衛夫婦。

1944 年下半年，世界反法西斯戰爭不斷取得勝利，在中國抗日軍民的打擊下，侵華日軍已呈全面潰敗之勢，汪偽政權岌岌可危。

11 月 10 日，汪精衛病死於日本名古屋，更讓汪偽政權處於風雨飄搖中。大大小小的漢奸們並不甘心於偽政府的垮臺，仍在做著垂死掙扎。

作為偽國民政府「外交部長」，褚民誼是汪偽政權中的第四號人物。汪精衛一死，他就夥同一幫人，全力攻擊偽國民政府「代主席」陳公博，指責他獨斷專行，大權獨攬，讓自己成了個跑龍套的，只能幹些瑣碎的小事，堅決要求辭職。後經周佛海等人從中斡旋，才同意暫留南京。

但此時的日本帝國主義已經到了窮途末路，坐鎮廣州的汪精衛之妻陳璧君眼看形勢不好，為了加強對廣東地區的控制，增加以後與蔣介石談判的籌碼，便連電催褚民誼前去廣州幫忙。

1945 年 7 月上旬，褚民誼辭去偽外交部長一職，離開南京飛往廣州，就任偽廣東省省長，同時兼任「廣州綏靖主任」和「保安司令」及「新國民運動促進委員會廣東分會主任委員」。一踏入羊城，他就聲稱要「藉著整理廣東來推進全面和平，藉著收拾廣東來恢復全國常態」，企圖在廣東增強自己和陳璧君的實力，為自己留條後路。

可事與願違，未待褚民誼實現自己的「大志」，全國的

褚民誼

形勢就發生了巨大的變化。8 月 11 日,剛上任一個多月,
連偽省政府與綏靖公署兩衙門的人員尚未全認識的褚民誼,
就接到了陳公博從南京打來的長途電話,陳公博告訴他:
「日本已接受波茨坦宣言,『和平政府』壽終正寢,已經自
行取消了。」

褚民誼一聽,知道大勢已去,但他不甘心坐以待斃,每
天仍照常赴偽省政府辦公,靜觀時局變化。

對抗法庭極力粉飾賣國行徑

1945 年 8 月 15 日，日本正式宣布無條件投降，重慶國民政府委任羅卓英為廣東省政府主席。

褚民誼再也坐不住了，為了逃脫人民的懲處，他大拍蔣介石的馬屁，先發了一封電報給蔣介石，以試探蔣的態度：

敵宣布投降後，……願謹率所部嚴加防範，力保廣東治安，靜候中央接收。

他還公開發表談話，說：「本人肩負廣東治安，並積極組織警備司令部，親自兼司令。嚴令各師長、各縣長各守本位。如因要事在省城者，立即返任，保護地方及人民，靜待中央派員來接收。並遵照蔣委員長命令，嚴飭各師、各部隊不得擅自移防，不得擅自收編及受編。」

沒過幾天，在陳璧君的授意下，褚民誼又給蔣介石發去一電：

本人和汪夫人（指陳璧君）願為中央效犬馬之勞，誓將廣東完璧中央。盼蔣委員長訓示。

兩封電報發出後，如石沉大海，遲遲不見蔣的回音。褚民誼躲在家裡，憂心忡忡，度日如年。此時，廣州市秩序大亂，冒出許多「先遣軍」、「別動軍」。偽省府及民政、建設、

褚民誼

教育、綏靖公署的廳長們見勢不妙，紛紛向褚民誼提出辭呈。偽廣東海軍要港司令招桂章率先在綏靖公署就任「先遣軍」總司令職，號令一方。

褚民誼見大勢已去，就在報紙上刊登啟事，告知廣州市民：「廣州治安由招總司令負責，本人靜待中央命令；並將省政府一切事務交與祕書長張國珍維持，專等國民政府委任的廣東省主席羅卓英的到來。」

此時，國民政府已開始在全國範圍內逮捕漢奸。鑑於褚民誼身分較為特殊，實施公開逮捕有著諸多不便，國民政府便將這一任務交給了軍統。褚民誼此刻還不知道，在軍統的特務陸續抵達廣州後，由軍統局局長戴笠親自布置，一張「肅奸」的巨網已經向他悄然撒開。

8 月 26 日傍晚，按照事先的計畫，國民黨軍統局廣州站主任鄭介民親自拜訪了居住在法正路寓所的褚民誼。寒暄之後，鄭介民出示了蔣介石給褚民誼的手令：

> 重行兄（褚民誼字重行）過去附敵，罪有應得，姑念其追隨國父，奔走革命多年，此次敵宣布投降後，即能移心轉志，準備移交，維持治安，當可從輕議處。惟我大軍入城在即，誠恐人民基於義憤，橫加殺害，須飭屬妥為保護，送至安全地帶。候令安置。

老奸巨猾的褚民誼似乎看出了軍統的不懷好意，他擔心

如若按照電文所說的做，會給蔣介石以「畏罪潛逃」的口實。

鄭介民走後，褚民誼立即來到了陳璧君的公館，兩人商量後，褚民誼致電戴笠轉蔣介石，先是表達謝意，說「委座寬大，我兄關垂，俱深銘感」，但同時表示仍願意留在廣州「現居住址」，「恭候中央安置」。其目的是想靜觀時局變化，以圖另策。

看到軍統假傳「聖旨」的把戲即將被戳穿，鄭介民再生一計。為穩住褚民誼，他再次登門拜訪，一見面就祝賀褚民誼：「重行兄，你的那份電報戴局長已經收到，戴局長讓你先安心住在這裡，他已請示委座，估計過幾天便有結果。」

9月10日晚，鄭介民帶來了蔣介石給褚民誼的第三封電報：

重行兄：

兄於舉國抗戰之際，附逆通敵，罪有應得。唯念兄奔走革命多年，自當從輕以處。現已取得最後勝利，關於善後事宜，切望能與汪夫人各帶祕書一人，來渝商談。此間已備有專機，不日飛穗相接。

弟蔣中正叩

看到蔣介石如此「顧念舊情」，三番五次地「邀請」自己，褚民誼徹底打消了疑慮，落入了軍統設下的圈套。

9月12日，褚民誼、陳璧君等人坐上了鄭介民派來的

褚民誼

汽車，準備乘飛機去會見蔣介石。車子發動後，卻不是向機場而是向珠江江畔疾駛而去。褚民誼發現情況有變，立即責問鄭介民。鄭介民解釋說，重慶來的是水上飛機，得先去珠江邊上船過渡，再上飛機。褚民誼聽後半信半疑。

汽車很快來到珠江邊，果有汽艇在此迎候。鄭介民將陳、褚送上船後，便稱另有公務不能陪同前往，將兩人交給了一位姓何的中校專員，隨後乘車走了。

汽艇剛一離岸，那位姓何的專員就從口袋裡取出一張紙，唸到：

重慶來電，委員長已去西安，旬日內不能回渝，諸多不便，應先在穗送安全處所，以待後命。

至此，褚民誼已經完全明白，什麼「關照」，一切都只是圈套。但如今淪落到這種地步，也只有「聽天由命」了，因此，他沒有作聲。可陳璧君卻毫不在乎，還是按照往日的做派，大發雷霆，吵嚷著要回家去。無奈「陪行人員」手持武器，最終將他們帶到了廣州郊外市橋偽師長李輔群的住宅軟禁起來。

10 月 14 日，陳璧君、褚民誼等人，還有陳的長女汪文惺、次子汪文悌及兩歲的外孫女何冰冰等，在廣州白雲機場登上飛機，幾個小時後，飛機降落在南京明故宮機場。他們一下飛機便被押上囚車，送往寧海路 25 號看守所關押。

1946 年 2 月 18 日，褚民誼被解送蘇州，關押在國民黨

江蘇高等法院獅子口第三監獄。在獄中，褚民誼寫下了洋洋灑灑 3 萬餘字的《我參加和運的經過》，為自己「表功」。不久，江蘇高等檢察處開始對褚民誼進行押審、偵察。3 月 17 日上午 9 時許，褚民誼在江蘇高等法院看守所老老實實回答了檢察官王文俊的問題，同時再次為自己表功。問完後，書記官王雄亞將筆錄給褚民誼閱後，讓其簽完字，由法警押回牢房。4 天後，江蘇高等檢察處對褚民誼提起了公訴，列舉了他所犯的五大罪狀：

一、附和汪逆，反抗中央，出任偽職；二、參與簽訂喪權辱國的條約；三、對英美宣戰；四、助敵成立振興公司，幫助日本進行擴充軍需；五、在廣東省長任內，擅加關稅，補給日本軍用。

江蘇高等檢察處認為，褚民誼「通謀敵國，反抗本國之罪行無有宥免，並據此送請法院依法審判」。

4 月 15 日 14 時，江蘇高等法院刑事第一庭公開開庭審理褚民誼漢奸案，審判長為孫鴻霖，推事石美瑜、陸家瑞，首席檢察官韓燾。到庭旁聽者極多。褚民誼一臉灰白鬍鬚，身穿深色棉布長衫，紮腳棉褲，頭上戴一頂黑色帽子。

在被押出鐵門時，擁在門口的記者紛紛上前拍照，這時的褚民誼還故作鎮靜，「大漢奸」之唾罵聲不絕於耳。褚民誼深吸了一口氣，努力使自己平靜下來。

檢察官韓燾首先宣讀了起訴書，列舉了褚民誼幾大罪

褚民誼

狀。褚民誼知道，按照起訴內容，他肯定是難免一死，於是開始為自己辯解：「檢察官說南京政府是想推翻重慶政府，說有了中央政府，何必再要南京政府？」

他把頭一揚，繼續侃侃而談：「要知南京政府是在日本鐵蹄之下，日本占領之特殊情形下，而來救國救民的。如果說它不抗日的話，則如中日基本條約改為同盟條約就較前減輕多了。和平救國是用和平的方法來折衝的，像重慶祕密派人來南京，絕不追究，甚或要掩護他們……」

褚民誼對汪精衛大加吹捧，他說：「國難當頭，戰事頹敗之時」，「幸有汪先生其人者，不顧一己之安危，抱吾人不入地獄誰入地獄之宏願，根據我黨 27 年漢口臨時代表大會之宣言，響應近衛聲明而發豔電，始而復黨，繼而組府」，實在是一個「仁人君子」。對汪精衛的賣國投敵罪行的掩飾，其目的還是在為自己開脫賣國的罪責。

褚民誼還大事吹噓自己的歷史「功績」，特別強調他在任偽職期間的種種「有利於抗戰」的事跡，標榜他「於黨國，社會文化不無微功」，不僅從日本人手裡收回許多文物，還主持「收回租界」。

他說：「本人任外交部長時因為沒有什麼事情可辦，對於日本人占我民間房屋或其他不利於人民的事，我就出來與他爭論。日本人因為我的年紀大、聲望高，在對我交涉的事也讓出來或改正，這也可以說是我抗日的一種方法……當時

我國武力不足,已退到後方,試問人民是否希望有人出來維持他們呢?所以,南京以和平方法抗日來維護人民,總是不錯的;至於下面的人有不好的地方或貪汙不法的行為,那就非南京的本意了。」

褚民誼還狡辯說:「檢察官要判處我為叛國元首,事實上我是南京政府裡的第十二名,前有各院院長五人,副院長五人,內政部長,以後才是我外交部長。」「我從事和平運動時,即有電給蔣委員長,是否收到不清楚,後來在勝利時,接到蔣委員長電報,謂汝追隨總理十餘年,在廣東維持治安有功,可從輕發落。」

不僅如此,褚民誼還在法庭上裝瘋賣傻,插科打諢,出盡洋相。當別的檢察官循例問他「聽清楚問題了沒有」時,他擠眉弄眼回答「我是浙江人,你一口蘇北話我可聽不明白」,引得哄堂大笑。

褚民誼還大放厥詞,說什麼「有戰必有和,遲早而已」,汪偽政權的成立是「和平抗日」,「智者」所為,是為了保持國家的「元氣」。其頑固不化的漢奸嘴臉由此可見一斑。

褚民誼妄圖洗滌他的漢奸罪行的種種詭辯,更加暴露他的醜惡嘴臉。檢察官隨即提出各種證據,包括錄音片兩張,為褚民誼在當偽外交部長時的談話,說明偽政府所謂「救國救民」完全是無稽之談;所謂「和平抗戰」更屬可笑,故要

褚民誼

求依法判處重刑。

1946 年 4 月 22 日下午，江蘇高等法院再次開庭。根據褚民誼的罪行，審判長向其宣讀了「民國 35 年特字第 408 號」判決。判決認為其罪行「實屬甘冒不韙，罪無可恕」。著對其「處以死刑，褫奪公權終身。全部財產，除酌留家屬必需生活費外沒收……」

江蘇高等法庭的判決讓褚民誼心裡十分害怕，但他表面上依舊故作鎮靜。事到如今，他知道自己已在劫難逃，但卻仍不甘心，因為他手裡還有最後的一個重要籌碼 —— 孫中山的肝臟標本。褚民誼一面讓自己的老婆陳舜貞向最高法院要求復判，一面以自己手裡的「國寶」相要挾，要求法官給自己以活命。

在陳舜貞的多方奔走下，蔣介石也發出了對褚民誼案件從輕處理的手諭，但此舉招來了輿論的強烈反對。在各方壓力下，蔣介石不得不收回「成命」。

5 月 29 日，最高法院特種刑事判決，駁回陳舜貞的復判要求，「原判決核准」。6 月 24 日，江蘇高等法院也做出裁決，再次維持原判，不做減刑處理。

李士群

李士群

叛變投敵建立「76號」魔窟

李士群，1907年生，浙江遂昌人。李士群早年到上海求學，並參加了革命。1927年，被共產黨派去蘇聯學習，1928年回國。1932年，被國民黨中統逮捕後，叛變了革命。

「盧溝橋事變」後，上海、南京相繼淪陷。李士群本來奉中統之命「潛伏南京」，但貪生怕死的他卻在南京淪陷前逃到了漢口。

日本帝國主義的燒殺淫掠讓李士群嚇破了膽，他認為中國會亡，於是把目光投向敵人。他逃到漢口以後，又躲過中統的耳目，繞道廣西、雲南，經河內去了香港。

李士群一到香港，便與日本在香港的總領事中村豐一搭上了線。中村豐一認為李士群在香港發揮不了多大作用，便把他介紹給日本在上海大使館的書記官清水董邊。李士群到上海後，清水讓他為日本大使館收集情報，李滿口應允。就這樣，李士群完成了從投身革命、叛變投敵到成為大漢奸的全過程。

1938年，李士群隻身來滬，與日方搭上了關係，為日方刺探情報，從事間諜活動，同時拜上海青幫有名人物季雲卿為老頭子，利用青幫門徒，增強自己的勢力。這時他住在大西路67號，平日深居簡出，行蹤詭祕，不大在外露臉，

但日本憲兵隊便衣警探和駐滬領事館人員，常出入其門。

當時滬西環境相當複雜，成為各種犯罪分子的滋生場所。

李士群與開設好萊塢、華人俱樂部、榮生公司、利生公司等大賭窟的流氓惡霸朱仁林、顧文達、錢國棟、吳四寶、潘三省等互相勾結，狼狽為奸，做下許多危害人民的罪惡勾當。

不久，李透過日方關係，獲得日本內河輪船株式會社的許可，在蘇州北路998號開設大福運輸公司，代客裝運上海、無錫、常州之間的貨物運輸，自任董事長，經理為馬叔濤，業務由陸鴻泰主持。幾個月後，大福運輸公司結束，改歸陸鴻泰負責，更名為大福駁運公司，每月盈餘，仍然送至李處。

比李士群稍晚一些時候，中統特務丁默邨從香港到了上海。他和李士群、唐惠民都是朋友，當下三人密謀組織祕密機關，從事政治活動。

因李士群原與日方有淵源，遂於1939年春，由李士群之妻葉吉卿出面，向上海銀行經租處租到滬西越界築路地區憶定盤路（現江蘇路）95弄10號大洋房一座，對外稱做「葉公館」，僱用大批流氓做警衛，由日本憲兵隊撥給槍支，專為日方刺探情報，迫害愛國人士。他們對外並無正式名稱，內部由丁默邨主持，李士群與唐惠民副之。

李士群

葉公館成立後，他們開始招兵買馬。各色各樣的亡命之
徒，紛紛投奔門下，土匪、惡霸、慣竊、強盜應有盡有。吳
四寶的門徒張國震、沈忠美、邱大寶等尤為活躍。他們除收
集抗日情報、暗殺愛國人士外，興風作浪，綁票勒索，販毒
走私，到處尋釁滋事，魚肉人民。

當時租界裡層出不窮的綁架暗殺案件，就是他們幹下的
罪惡，著名的《大美晚報》、《華美晚報》等報館被炸，也
是他們一手造成。租界當局明知這些案件出自葉公館主使，
但一則該處屬越界築路區域，管轄權力受到限制；二則他們
有日本憲兵隊作後臺，投鼠忌器，奈何不得。雖然租界當局
經常把紅色警備車停在弄口，無非掩人耳目而已。

不久，葉公館擴大組織，日本憲兵隊撥給軍管的極司菲
爾路 76 號（現萬航渡路 435 號）大花園洋房作為新址。這
所洋房，原屬國民黨軍事參議院院長陳調元所有，淪陷後由
日軍管理。

於是他們正式成立「特工總部」，簡稱「76 號」，由丁
默邨任主任，李士群、唐惠民分任副主任。又成立「警衛總
隊」，由李士群兼總隊長，吳四寶為副總隊長，張魯為參謀
長，葉吉卿為財務主任，吳四寶之妻佘愛珍為經理主任。
「76 號」前沿馬路華村 20 多幢三層樓房以及對面 75 號五層
大樓的居民，全部被逼遷移，這些房屋即占為特工總部的辦
公處和宿舍。警衛總隊的槍械來源有兩處。一是由日本憲兵

隊用大皮包裝來，都是駁殼槍和六吋手槍，約有 60 支，由李士群轉交張魯接收，經範兩人造冊後撥給警衛總隊使用。二是在偽警政部成立後，由部撥交舊式步槍 100 支，在南京三叉河裝上惠民兵艦，由特工總隊常駐南京區的日本憲兵曹長大橋護送至滬交給「76號」。日本憲兵隊還在「76號」裡成立了一個名叫「梅機關」的指揮機構，對外稱為顧問。特工總部南京區則由南京日本憲兵隊本部特高課課長的藤岡負責指揮。這裡常駐日本憲兵特務班一班，有班長馬場準尉和曹長、軍曹等七八人，南京區每天收集的情報，都要向特務班匯報，對外行動，事前要和他們取得聯繫，才得執行。偽國民政府「還都」時，漢奸大員都由他們協助保護。南京區的職員宿舍，由日方供給，門上懸掛「南京日本憲兵隊特務班宿舍」的牌子。南京區直轄的蕪湖、鎮江、蚌埠三個特務站，則由特務班各派憲兵一人常駐。被一般人視為魔窟的「76號」，大門日夜敞開，武裝守衛，戒備森嚴。頭道二道大門，砌成牌樓，上書「天下為公」四個大字，院內高豎青天白日滿地紅旗，內部另闢一室，懸掛國民黨黨旗和孫中山遺像，這些都是做幌子的。

　　「76號」的主要工作對象是鎮壓淪陷區的抗日誌士。被捕的人，先由吳四寶手下的亡命之徒用刑逼供，慣用的有灌水、抽打、上老虎凳等酷刑。其他區、站、組的情況也是如此。

李士群

特工總部成立後，為避免租界當局注意，請領汽車執照時，都用私人名義，內有用岳光烈名義領照的一輛。1940年春，「76號」人員乘該車在租界內有所行動未遂，執照號碼為捕房抄去。某次岳光烈乘該車去戈登路立泰銀號途中，被戈登路捕房連人帶車關進捕房。

岳光烈的同事孫時霖前往探詢，也被扣留，並將司機名老李者用電刑逼供，要他招出在租界內的綁架案件。後由「76號」向捕房疏通，才取保釋放。事後聽說，「76號」曾被戈登路捕房敲去一筆很大的竹杠。此後，「76號」有幾輛汽車出事，無法再在上海行駛，曾運至南京區使用。

這一時期，重慶也有軍統中統的「上海區」人員留駐上海，與「76號」鉤心鬥角，互施報復。季雲卿、曹炳生、陳明楚、余王介等，都因與「76號」關係密切，被對方暗殺。季雲卿被殺地點，即在成都路季宅附近，算是給「76號」的一次示威行動。

季雲卿死後，一應喪儀都由李士群負責，並對季雲卿妻金寶師娘始終敬如上賓，可見他們之間的關係非同尋常。

1938年12月，汪精衛離開重慶，轉道昆明到越南河內，發表「豔電」，主張「響應日本首相近衛文麿的三原則，停戰言和」。這時日方一手扶植的南北兩個傀儡政權因資望不孚，作用不大，因此以「南北統一，恢復國民黨政府」為餌，派人與汪精衛祕密接洽。雙方一拍即合，即由日

方護送汪精衛祕密來到上海。

汪精衛在來滬前，先派陳春圃到上海，與丁默邨、李士群等聯繫，布置汪精衛來滬後的安全和警衛問題。陳春圃住在「76 號」，李士群乘機大獻殷勤，極力招待。

不久汪精衛到上海，住在愚園路 1136 弄內，對外嚴守祕密。李士群命張魯兼任警衛總隊第一大隊長，挑選身強力壯的警衛人員 100 多人，駐在該弄弄口洋房內，負責汪精衛的安全。

汪精衛到上海後，首先發動宣傳攻勢，進行輿論準備，不久汪系機關報《中華日報》即在滬復刊。

復刊後的《中華日報》大量散播漢奸言論，汪精衛本人也不時為該報寫文章。他在所寫的《舉一個例》一文中，曾公開宣布，南京未陷落前，蔣介石透過德國駐華大使陶德曼試探日方媾和條件，現擬繼續尋求和平途徑，以此證明國民黨的主要目標是和平，和平未到絕望關頭，絕不放棄和平等。這篇文章的發表，曾在淪陷區人民中引起很大的反感。

隨汪精衛一起脫離重慶的周佛海、褚民誼、陳公博、梅思平等，都是在南京時的「低調俱樂部」成員。

他們伴汪精衛來到上海，赤手空拳，在日軍卵翼下生活，而丁默邨、李士群等握有一定的實力，因此，在汪精衛籌備所謂「還都」的活動中，充當了重要的角色。

汪精衛在上海召開了「國民黨六中全會」，決定「還都」

和「組府」方針。會議是在「76 號」召開的，一班漢奸新貴，為了避人耳目，不走正門，都從「76 號」的後門開納路（現武定路）進出。

汪精衛在上海期間，還開了一個「和運遇難烈士追悼會」，追悼在河內被暗殺的曾仲鳴和上海的季雲卿等人。

拉幫結派破壞占領區秩序

　　特工總部的丁默邨、李士群和唐惠民，勾結在一起，表面臭味相投，骨子裡鉤心鬥角，各有打算。三個人的個性和作風也不相同。丁默邨性情急躁，心地狹窄，動不動使出官僚架子。李士群則比較狡猾，外表和善，但居心陰險，手段毒辣。外人聽到李士群的名字，總以為是個殺氣騰騰的彪形大漢，其實他五短身材，面貌清秀，一眼望去像「白面書生」。唐惠民則頤指氣使，目空一切。因此三人招收黨羽，擴充勢力的途徑也不相同。

　　李士群著眼於利用金錢收買一批流氓和亡命之徒，當時「76 號」的經費來源由江海關關稅項下撥給，按月由日本憲兵隊送去，由李士群妻葉吉卿保管，負責財務的是李士群的內侄葉耀先。

　　經濟大權操於李士群手，李士群便揮金如土，凡是投到他門下的，首先都可得到一筆巨款，名為「治裝」。凡是願意與之合作或接受指揮的，金錢地位，從不計較，因此，羽黨日豐。

　　如國民黨上海區的特務蘇成德、馬嘯天、萬里浪等，都為李所收買，死心塌地為李士群效力。蘇成德投偽不久，即被委為特工總部的「南京區長」，偽府「還都」，兼任警政

部的「特種警察署署長」，以後又調「南京市警察廳長」、「上
海市警察局局長」等職。

馬嘯天初為上海「政治保衛局局長」，後調「南京區
長」，「還都」後又任「南京憲兵副司令」。萬里浪初任特工
總部「第一廳長」，後調「上海政治保衛局局長」等職。

唐惠民的活動對象，大都是文教界人物。他曾拉攏明光
中學校長湯增揚和徐則驤。湯等提出條件，為丁默邨拒絕，
湯等表示不幹。唐惠民即對湯、徐說：「你們既然不願參加，
還是趕快離開上海的好，否則對你們不利。」湯等即離滬。

等到丁默邨派人去逮捕時，已逃逸無蹤。李士群便在丁
默邨面前挑撥，說是唐惠民事先通的風。同時唐看到李士群
有所要求，丁默邨總是照辦，而對自己的請求則百般留難，
因此丁唐之間暗地摩擦，已非一朝一夕，更兼李士群從中挑
撥，裂痕日深。

某次李、唐的孩子互相爭吵，唐借題發揮，指桑罵槐，
推翻寫字檯，表示不幹，接著又和葉吉卿大鬧一場。唐的行
動明系對李士群而發，李士群則裝聾作啞佯作不知。

不久，丁默邨要唐惠民去南京籌備特工總部南京區，派
唐兼任區長，說是「汪先生即將還都，你的主要任務是到南
京為汪先生開路」，其實這是李士群暗中使用的調虎離山之
計，把唐惠民趕出了「76 號」。

唐惠民到南京不久，李士群又用丁默邨名義電召唐惠民

回滬，說有要事商議。唐一到上海車站，即被日本憲兵和「76 號」人員押禁於北四川路新亞酒店，說唐在南京有擅自收編土匪等行為，同時改派蘇成德為特工總部南京區區長，胡均鶴、蕭一城為副區長。

唐惠民在新亞酒店被禁一個多月，經過疏通，才獲自由。唐原住「76 號」，獲釋後移居愚園路宏業花園。至 1940 年李士群任偽警政部長時，才起用唐惠民為「常務次長」，從此唐惠民對李士群唯命是聽，以部屬自居，不敢再分庭抗禮。

唐惠民離開「76 號」後，丁默邨與李士群為了爭奪權力，不時發生摩擦，矛盾日益尖銳。李士群不惜以金錢獻媚日軍，拉攏部屬。

汪偽政權成立前，安排偽職，明爭暗鬥，各顯神通。丁默邨本想以原任「特工總部主任」，再兼「警政部長」，而以李士群、唐惠民分任「次長」，這樣警政特工可以掌握在手。不料李士群鑽營伎倆，遠勝於丁。

汪精衛初到上海時，李士群和公館派的陳君慧、陳春圃等早有勾搭，接上陳璧君的內線，李士群妻葉吉卿又常在上海、南京的汪公館走動，裡應外合，使丁默邨望塵莫及。

為了不使丁、李之間矛盾加深，「警政部長」一職暫由財政部長周佛海兼任，次長兩人，一為李士群，一為鄧祖禹，周佛海雖兼「警政部長」，無暇顧及，實權仍操於李士

李士群

群手。不久，李士群調升部長，以唐惠民為次長，李如願以
償，唐也感恩不盡，而丁、李之間矛盾激化，終致破裂。

從此以後，李士群更是一帆風順，除任偽中央執行委員
會常委、特工總部主任、警政部部長外，又先後任偽蘇浙皖
魯四省行營祕書長、清鄉委員會祕書長、調查統計部部長和
江蘇省政府主席、省長等職。丁默邨則做了 4 年多的偽社會
部長，直到 1945 年 5 月，才調任偽浙江省長。

周佛海在偽國民政府「還都」前，有必要依靠李士群在
上海的勢力，李士群也需要利用周佛海的地位來增強自己的
實力，因此彼此互相勾結。

周佛海任偽財政部長後，為了擴充勢力，在上海以偽財
政部名義，辦了一個稅警學校，由羅君強任校長，隨又成立
稅警總團，直屬於財政部，糧餉裝備都較一般偽軍為優。

周佛海兼任偽警政部長，雖為過渡性質，但利之所在，
從不放鬆一步。某次，為統一制發偽警制服，周佛海妻楊淑
慧與李士群妻葉吉卿發生矛盾，楊要介紹周三寶承包，葉擬
介紹上海美羅西服公司高維華承包，雙方相持不下，各在自
己丈夫面前挑撥是非，周佛海、李士群之間遂存芥蒂。

在上海、南京等地淪陷後的 4 年中，幣制尚未變更，淪
陷區人民繼續沿用國民黨中央銀行、中國銀行、交通銀行、
中國農民銀行和小四行中南、通商、浙興、四明等銀行鈔
票，偽華北臨時政府發行的華北聯合銀行鈔票，在南方並不

通行。偽維新政府發行的華興銀行鈔票，雖市面通行，但要按票面八折或九折計算，不久也告停用。

1941 年 1 月 6 日，偽國民政府成立「中央儲備銀行」，總行設在南京。同月 15 日，在上海外灘設立上海分行。這個銀行發行的「中儲券」，票面分 1 元、5 元、10 元、50 元四種，還有角分輔幣，先在南京、上海兩市與國民黨「老法幣」等價行使。

當時李士群任偽調查統計部部長、警政部部長兼江蘇省政府主席，對在江蘇省範圍內推行「中儲券」，起初採取拖延辦法，後經周佛海暗中派人疏通，以「中央」補貼省經費名義，撥出一筆巨款交李士群收受。

李士群才以省政府名義，通令各地盡力協助推行，並指示上海「76 號」不擇手段地對各銀行施加壓力，強令推行「中儲券」。

「中儲券」發行伊始，在上海進行得並不順利，人民對汪偽政權毫無信心，不願拿金錢去換廢紙，中國、農民等銀行拒絕和「中儲行」交換。各私營商業銀行也採取一致行動，只有私營匯源銀行接受收兌。

不久，該行經理季翔卿為國民黨駐滬人員暗殺，上海「中儲」分行也為人施放定時炸彈，死傷若干人，上海金融界對此深有戒心，「中儲」前途顯見不利。

1941 年 12 月 8 日太平洋戰爭爆發，日軍進駐上海公

李士群

共租界，周佛海即積極策劃在上海收回舊法幣代以「中儲券」。李士群為虎作倀，令「76 號」採取措施，在上海金融界製造恐怖氣氛。

如 1942 年 3 月 22 日，「76 號」在滬西開納路一次逮捕了大小行員 128 人，監禁在「76 號」。後來這 128 人，經金融界人士疏通，始獲釋放。此外，中國農民銀行集體宿舍曾發生槍殺慘案，這也是「76 號」所為。

在汪偽武力威脅下，上海各銀行開始和「中儲行」交換，收兌舊法幣。1942 年 3 月 23 日，「中儲行」正式掛牌，規定舊法幣 100 元折合「中儲券」77 元。

這個比率達一月餘，自 5 月 20 日起至 26 日止，「中儲行」逐日提高牌價，最後規定舊法幣 100 元折合「中儲券」50 元，為二兌一之比。6 月 1 日，偽財政部正式公告，凡一切債務、契約，均以二兌一比例，用「中儲券」償付，先在蘇、浙、皖三省暨南京、上海兩市實行，民間舊法幣由各地銀行錢莊收兌至 6 月 23 日為止，逾期舊法幣作廢，停止使用。

但由於民間仍抱觀望態度，收兌一再展期。11 月 1 日，偽財政部公布，自 11 月 1 日起至 30 日止，為收兌舊法幣最後期限，逾期沒收充公，禁止民間保存。

在偽中儲券推行過程中，李士群與周佛海互相勾結，在上海實行恐怖措施，肆意搜刮，又欠下一筆血債。

惡貫滿盈死於日偽之手

　　1940 年，汪偽政權成立後，李士群當上了汪偽清鄉委員會祕書長、「剿共救國特工總部」負責人、偽江蘇省省長，成為顯赫一時的人物。這是李士群一生最為得意的時期，勢力權力都達到了他一生的最高峰，也為他實現自己的野心提供了條件。

　　由於李士群曾在中統裡工作過，他手下的那幫嘍囉也多出自軍統或中統，他們對國民黨特務的工作規則、行動方式十分熟悉，在爭鬥中屢屢得手。

　　國民黨在上海、南京的特務組織，經過李士群軟硬兼施，遭到了毀滅性破壞，不少軍統、中統特務都倒向了汪偽政權。這使得戴笠、陳立夫對李士群恨之入骨，欲除之而後快。戴笠曾命令手下不惜一切代價殺死李士群，但因種種原因都沒能得手。

　　就在陳立夫為李士群大傷腦筋之時，一日忽然接到中統特務趙冰谷帶到重慶來的一封信，這封丁默邨寫來的信使事情出現了轉機。

　　丁默邨原是中統上海區的特務，後投靠汪偽，當上了李士群主持下的「76 號」特工總部主任。在這期間，李、丁兩人發生了矛盾，並且積怨日深。後來，兩人又為爭奪偽警

李士群

政部長一職結下了新仇。

丁發誓要殺死李士群，他指使其弟丁時俊於 1940 年暗殺李士群，因射擊技術太差，未能命中。

李士群以牙還牙，在這年的 5 月，乘丁時俊去南京夫子廟喝酒時，派出便衣尋釁鬥毆，用酒瓶將其擊傷致死。從此之後，李、丁兩人積怨更深。

1942 年，日本帝國主義露出失敗之相。丁默邨為了給自己留條後路，便向昔日的中統上司陳立夫寫信，請求「悔過自新，效命中央」。

就在陳立夫接到丁默邨悔過信的同時，戴笠也收到周佛海請他轉交蔣介石的自首書，表示要將功贖罪。這兩封信使得陳立夫與戴笠大喜過望，他們分別密電周、丁兩人，務必設法剪除李士群，掩護地下工作人員，以此考驗他們的自首誠意。

周、丁兩人接到重慶方面的密電後，便開始積極準備。經商議，謀殺工作由周佛海主持，丁默邨從旁協助。

為除去李士群，周佛海可謂絞盡腦汁。他先是指使李士群的對頭羅君強下毒，李士群沒有上鉤。接著又讓丁默邨向外散布謠言，逢人便講李士群清鄉毫無成績可言、利用清鄉地區的物資移動發了大財等，企圖以此引起日本人的不滿，殺掉李士群。

恰恰在這時，李士群的後臺老闆日本人晴氣慶胤奉調

回國，而他的繼任柴山對李士群的不聽使喚、桀驁不馴早已不滿。

李士群掩護日本憲兵懸賞緝拿的軍統特務余祥琴逃脫之事這時又被查知，周佛海乘機找到了日本華中憲兵司令部特高課課長岡村，請他幫助殺死李士群，岡村滿口答應。

岡村原打算派人行刺，因為李士群防範很嚴，幾次都沒有得手，最後決定用下毒的辦法。

這天，李士群接到岡村的邀請，說是在上海百老匯大廈岡村家裡為他設宴洗塵，也藉機調解他與稅警團副團長熊劍東的矛盾。

李士群知道自己結怨很多，所以一般在外邊的應酬他很少參加。這次李本不想去，因是日本人請客，礙於面子，他還是硬著頭皮去了。

在去之前，李士群做了一些準備。他與隨從相約，到了岡村宅邸什麼都不吃，連香菸也不抽。還跟一起去的保鏢打了招呼，如果過了兩個小時還不出來，就衝進去。

到岡村家後，李士群以自己患痢疾未好為由，坐在席上任何東西也不吃。岡村也不勉強，一邊與李說著話，勸他與熊劍東和好，一邊與熊劍東勸酒吃菜。

席間的談話似乎很投機，熊劍東坦誠相見，向李士群承認了自己的不對，希望今後能攜起手，為了共同的利益一致對外。說著說著，岡村給李士群敬了一支菸，又為他打開

李士群

了汽水。

熊劍東的一番話使李士群很受感動，他覺得老這樣堅持，反而會引起對方的懷疑和不快，於是便放鬆了警惕，拿起酒杯高興地與岡村對飲起來。

這時，有個日本女人從廚房捧出一碟牛肉餅。岡村介紹說這是他太太，擅長做這種牛肉餅，今天聽說李士群來了特地下廚，請賞光嘗一嘗味道。

端上來的牛肉餅只有一碟，李頓時起了疑心，放下筷子不敢吃，他把碟子推給了熊劍東，說：「熊先生是我欽佩的朋友，應該熊先生先來。」

熊劍東又把碟子推過去，笑著說：「岡村太太是專門為你做的，我怎敢掠美。」

李士群又想把碟子推給岡村。

這時，岡村的老婆用盤子又托出三碟牛肉餅，在岡村、熊劍東和隨李士群一起去的夏仲明面前各放了一碟。因為四個人面前都有了，李士群也就不好再推了。

岡村解釋說：「我們日本人的習慣，以單數為敬。今天席上有四人，所以分兩次拿出來，以示對客人的尊重之意。在日本，送禮也是以單數為敬，你送他一件，他非常高興。要是多送一件，他反而不高興了。」岡村的一番話，說得在座的都笑起來。

李知道日本人送禮講單數的習俗，經岡村這麼一解釋，

他也就不再懷疑了。

席上，其他三人面前的牛肉餅都吃得精光，李士群的吃了三分之一。這時的氣氛十分融洽，談著談著，時間不知不覺過去了一個多小時，李士群要夏仲明下去告訴樓下的保鏢，樓上相安無事，時間過了也不要上來。

李士群赴宴回來，已是晚上 22 時多，家裡還有客人在等他。李士群向客人打了個招呼，連忙跑進衛生間摳喉嚨，想把在岡村家裡吃的東西吐出來，可能是時間太長的緣故，沒有吐出來。

兩天後，李士群突然感到不適，開始是腹痛，接著上吐下瀉，送醫院搶救。經檢查，李中了阿米巴菌毒。

阿米巴菌是用患霍亂的老鼠屎液培育出來的一種病菌，人只要吃進這種細菌，它就能以每分鐘 11 倍的速度在人體內繁殖。在繁殖期內，沒有任何症狀，到了 36 小時以後，繁殖達到飽和點，便會突然爆發，上吐下瀉，症狀如同霍亂。病人到了這時，就無法挽救了。

沒過兩天，李士群已奄奄一息，臨死前他對人說：「我當了一生特務，沒想到到頭來卻被日本人算計了。」

李士群是日本侵略軍和汪精衛偽政權盤踞上海時期滬西「76 號」特務魔窟的頭子。在汪偽集團中，他歷任偽中央執行委員會常委、特工總部主任、警政部長、蘇浙皖魯四省行營祕書長、清鄉委員會祕書長、調查統計部部長、江蘇省政

李士群

府主席、省長等職。從 1938 年附逆發跡起至 1943 年中毒身死，前後五年，際會風雲，炙手可熱，對國家和民族犯下了滔天罪行。

1941 年 7 月 1 日，江蘇省的吳縣、崑山、太倉、常熟四個縣開始「清鄉」，偽清鄉委員會成立駐蘇辦事處，李士群以清鄉委員會祕書長名義兼任處長。

1943 年 9 月 11 日下午，李士群氣絕斃命，時年 39 歲。

過了幾天，日本憲兵隊忽然要根究李士群中毒消息的來源，並向李公館辦事人員和葉吉卿氣勢洶洶地追根問底，威脅葉吉卿說：「不可再說李先生是中毒，該說是病死的。」

從此大家再也不敢提起「中毒」二字。據說先前日本駐蘇部隊和憲兵隊並不知道其中的底細，而後接到上級指示，弄清楚內幕，才有徹查中毒消息之舉。

惡貫滿盈死於日偽之手

電子書購買

爽讀 APP

國家圖書館出版品預行編目資料

是叛賊還是英烈？那些二戰中的魁儡：簽訂辱權條約、建立魁儡政權、投靠納粹陣營……歷史上的「漢奸」、「叛國賊」何以出賣國家和民族自尊？ / 潘于真，胡元斌 主編 . -- 第一版 . -- 臺北市：崧燁文化事業有限公司 , 2023.11
面；　公分
POD 版
ISBN 978-626-357-780-0(平裝)
1.CST: 世界傳記 2.CST: 第二次世界大戰
781　　　112017210

是叛賊還是英烈？那些二戰中的魁儡：簽訂辱權條約、建立魁儡政權、投靠納粹陣營……歷史上的「漢奸」、「叛國賊」何以出賣國家和民族自尊？

臉書

主　　　編：潘于真，胡元斌
發 行 人：黃振庭
出 版 者：崧燁文化事業有限公司
發 行 者：崧燁文化事業有限公司
E - m a i l：sonbookservice@gmail.com
粉 絲 頁：https://www.facebook.com/sonbookss/
網　　　址：https://sonbook.net/
地　　　址：台北市中正區重慶南路一段六十一號八樓 815 室
Rm. 815, 8F., No.61, Sec. 1, Chongqing S. Rd., Zhongzheng Dist., Taipei City 100, Taiwan
電　　　話：(02)2370-3310　傳　　　真：(02) 2388-1990
印　　　刷：京峯數位服務有限公司
律師顧問：廣華律師事務所 張珮琦律師

定　　　價：299 元
發行日期：2023 年 11 月第一版
◎本書以 POD 印製
Design Assets from Freepik.com